AI をビジネスに実装する方法

HOW TO IMPLEMENT AI IN BUSINESS

「ディープラーニング」が利益を創出する

株式会社ABEJA
代表取締役社長 岡田陽介 Yousuke Okada

日本実業出版社

本書を推薦します

ディープラーニングをなぜ日本企業は
こんなにも勉強しないのか——。

インターネットの勃興期であった1990年代、インターネットの技術を少しでも先に勉強した者には大きなチャンスがあった。それと同じく、いまディープラーニングを勉強しておくことは大きな飛躍につながる。

本書は、ディープラーニングで何ができ、どうビジネスに活かしていけばよいのかを、わかりやすく、かつ実践的に解説する。

2012年からディープラーニングに注目する、まさに日本で最初のディープラーニング企業、株式会社ABEJAの岡田陽介社長が送る、日本企業へのエールとも言うべき啓蒙書である。

東京大学大学院　特任准教授
日本ディープラーニング協会　理事長
松尾　豊

はじめに

　本書は、私が株式会社ABEJAを2012年9月に創業して以降、蓄積し続けてきた「AI（特にディープラーニング）をいかにして世界に実装していくか」をテーマとしています。

　振り返ると、2012年〜2016年の間は、私と会社にとって暗黒時代でした。AI・ディープラーニングという言葉や概念が、国内ではまったく普及していなかったため、AI・ディープラーニングを主軸にした製品は社会に受け入れられず、そのせいで会社の資金も底（実際に、残り数万円というレベルだった）を尽きかけました。当時は、一緒にやってくれている仲間に申し訳ないという気持ちでいっぱいでした。

　しかし、2016年頃から、AI・ディープラーニングは徐々に国内でも話題を集めるようになっていきます。そうなると、周囲の協力もあって、経営上も複数の領域に勝機を見出すことができるようになっていきました。

　その後も、地道な研究開発と事業創造を繰り返し行ない、現在では、小売流通・製造・物流・建設・広告・金融・医療など10業種以上にディープラーニング製品を提供しています。

　そして、この時に行なった地道な活動（よく「鰻屋の秘伝のタレ」と言っています。この秘伝のタレに新しいナレッジを注ぎ足していくイメージです）が、会社における重要なノウハウとなったと考えています。

本書では、創業からの私の経験をベースに蓄積されたノウハウを惜しみなく紹介しています。日本に多くのAIベンチャーが存在する中、なぜほとんどのケースが最終的な「実装フェーズ」に至っていないのか。そして、われわれとコラボレーションをした企業が、なぜここまで成功を収めているのか──。

　国内外の企業の経営陣と毎日のように議論をさせていただいている私から見たAI・ディープラーニングの概要と、いかにしてテクノロジーを活用し企業が利益を創出するのか、そのノウハウを本書で紹介することで、少しでも日本企業のAI・ディープラーニング活用を後押ししたいと強く願っています。

　2018年9月

岡田陽介

AIをビジネスに実装する方法
もくじ

はじめに

1章
なぜ、いまだに
AI導入を躊躇するのか

1 ▶ ディープラーニングの衝撃を目の当たりに ……………… 10

2 ▶ もはや「人工知能って何？」の時代は過ぎている ……… 17

3 ▶ 「IoT×ビッグデータ×AI」の3つセットで ……………… 20

2章
ネコでもわかる
ディープラーニングの原理

1 ▶ 人工知能（AI）を分類してみると ……………………… 28

Column
「強いAI・弱いAI」「汎用型AI・特化型（専用）AI」という分類／31

2 ▶ 旧来の機械学習は手間のかかる人工知能 ………………… 34

3 ▶ ディープラーニングという新しい手法 ・・・・・・・・・・・・・・・・・・・・・・・ 43

Column
教師あり学習、教師なし学習、強化学習／53

4 ▶ 手書き数字をディープラーニングで読み取る ・・・・・・・・・・・・ 55

3章
AIの導入前に知っておきたいこと

1 ▶ 弘法も釣り竿を選ぶ ・・・・・・・・・・・・・・・・・・・・・・・・・・・・・・・・・・・・ 60
2 ▶ ボトルネックにAIを注ぎ込む ・・・・・・・・・・・・・・・・・・・・・・・・・・・ 63
3 ▶ データ取扱いのリテラシー ・・・・・・・・・・・・・・・・・・・・・・・・・・・・・ 67
4 ▶ 非構造化データは宝の山 ・・・・・・・・・・・・・・・・・・・・・・・・・・・・・・・ 71
5 ▶ 「フレーム問題」にAIは対処できるか？ ・・・・・・・・・・・・・・・・・ 79
6 ▶ SaaS、PaaS、IaaSのどれを利用するか ・・・・・・・・・・・・・・・ 87

Column
AI企業と顧客企業の間の権利関係は？／93

4章 データ取得から学習、デプロイ、運用まで

～AI導入のプロセスを知る～

1 ▶ AI導入のための5つのプロセス ……………………………… 98
2 ▶ データを溜める、学習する ……………………………………… 101
3 ▶ 学習から推論へ …………………………………………………… 107
4 ▶ 知られざる「ディープラーニングの闇」……………………… 109

Column
ディープラーニングの機能はクラウド？　現場？／113

5章 AIを導入した企業のビフォー＆アフター

1 ▶ 「なぜ買わなかったのか？」をファクト・データでつかむ …… 116
2 ▶ 経験とカンを数字とデータが実証～ICI石井スポーツ～ ……… 120
3 ▶ 4つのデジタル化を目指す～パルコ～ ………………………… 131
4 ▶ 検査の自動化にどう挑むか～武蔵精密工業～ ………………… 136
5 ▶ 上級者のスキルを伝授～コマツ～ ……………………………… 142

6章
画像、音声、テキストが新しいビジネスを生む

1 ▶ 画像データを利用する～実在しない人物の顔もつくれる!?～ ……… 148
2 ▶ 動画を利用した場合～プロスポーツ選手と同じ動きができる!?～ ……… 159
3 ▶ 音声認識を利用する～会議の議事録も自動でできる!?～ ……… 163
4 ▶ テキストデータの活用は「自動翻訳」が本命 ……… 165

7章
レバレッジ・ポイントにAIの力を注ぎ込む

1 ▶ お客様が本当に欲しいものは何か？ ……… 170
2 ▶ 「車輪の再発明」はしない ……… 175
3 ▶ 永遠に超えられないAIの壁 ……… 178
4 ▶ Googleの対応の速さ、日本企業のあまりの遅さ ……… 181
5 ▶ 技術者倫理の必要性 ……… 183

おわりに

INDEX

資料提供：株式会社ICI石井スポーツ（123, 124, 125, 127, 128ページ）
　　　　　株式会社パルコ（132, 134ページ）
　　　　　武蔵精密工業株式会社（137, 139, 140, 141ページ）
　　　　　コマツ（143ページ）
　　　　　NVIDIA Corporation（154ページ）

構成：畑中　隆
カバーデザイン：井上新八
本文イラスト：手塚かつのり
本文DTP：ダーツ

1章

なぜ、いまだに
AI導入を躊躇するのか

1 ディープラーニングの衝撃を目の当たりに

 一気に10%、エラー率を下げた！

2012年10月、世界中の人工知能（AI＝Artificial Intelligence）、コンピュータビジョン*1の研究者、企業に衝撃が走りました。コンピュータビジョン分野におけるAIの精度が、考えられないほど劇的に上がったからです。

ILSVRC*2（ImageNet Large Scale Visual Recognition Challenge）というAI分野における世界的な画像認識コンテストにおいて、それまではエラー率25〜26％台で競い合っていたAIによる画像認識の精度を一気に10％以上も下げて、ぶっちぎりで優勝するチームが出現したのです。

それがトロント大学のスーパービジョン（SuperVision）チームでした。率いていたのは同大学のジェフリー・ヒントン教授（Prof. Geoffrey Everest Hinton）です。そのとき用いた手法こそ、現在国内でも大きな話題になっている「ディープラーニング（Deep Learning、深層学習）」です。

通常、このような精度争いでは0.01〜0.5％といった僅差で勝負が決するものです。実際、旧来の機械学習（Machine Learning）を使った方法では、25〜26％のエラー率を大きく下げることがで

---

*1 computer visionとは、「コンピュータを利用した視覚」、つまり「コンピュータでモノを見る技術」のこと。画像センシングのためのハードウェアから情報を認識するためのAI理論まで幅広く研究されている。

*2 2010年からスタートしたAIによる「画像認識コンテスト」。主催するスタンフォード大学のImageNetにはAIの学習に必要な大規模な画像データセット（犬・猫の区分から、マルチーズ・柴犬・秋田犬などの犬種分類など）が保存され、利用することができる。

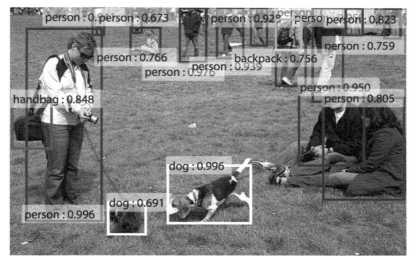

◆ 「その物体は何か」をコンピュータが見分ける
　──画像認識の精度が飛躍的に向上した

（出所）Shaoqing Ren, Kaiming He, Ross Girshick, and Jian Sun "Faster R-CNN: Towards Real-Time Object Detection with Region Proposal Networks"
https://arxiv.org/pdf/1506.01497.pdf

きませんでした。

　そこに、ヒントン教授が「ディープラーニング」（これも厳密には機械学習の一つです）を使った結果、突然、精度が大きく上がったことに対し、世界中の研究者が驚いてしまいました。しかも、さらにエラー率を下げることが可能であろう（精度を上げていけそうだ）ということで、世界中の企業、研究者が一斉にディープラーニングの研究になだれ込んだというわけです。

　このコンテストの課題は、人間でも5.1％ほど間違えるという、難易度の高い（判別しにくい）ものですが、その後のディープラーニングの発展によって、2015年には人間よりも精度が高くなっています。つまり、人間以上の眼を、コンピュータが獲得したのです。

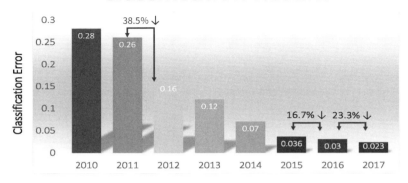

◆ ILSVRCにおけるエラー率の推移

（出所）http://image-net.org/challenges/talks_2017/ILSVRC2017_overview.pdf

ABEJA、創業

　シリコンバレーでAIの動向を見続けていた私は、「いま、まさに世界で、第4段階目の産業革命が起きようとしている！」という胎動を肌で感じ取っていました。

　急ぎ帰国し、2012年9月、さっそく「ABEJA（アベジャ）[*3]」を起業します。ディープラーニングを専門とする企業という意味では、おそらく日本で最初のベンチャーだったと思います。そしてABEJAを起業して1か月後、前述のようにヒントン教授がディープラーニングを引っさげ、ILSVRCで優勝を遂げることになります。

　ディープラーニングは、AIに3度目のブームをもたらした技術です。といっても、いまから考えると信じられないかもしれませんが、当時はまだ、「ディープラーニング」という言葉すら存在せず、ディー

---

*3 ABEJAとは、スペイン語で「ミツバチ」の意味。ミツバチは花と花の間を飛んで蜜を集め、それが受粉して植物が育ち、動物が食べる。もし彼らが消えてしまうと、地球上の生命体もほぼ消えてしまうことになる。われわれは小さい存在ではあっても、ミツバチのように重要な役割を世の中で果たしたいとの願いを込めている。

プニューラルネットワーク（Deep Neural Network、ニューラルネットワークの深層版）という言い方がされていました。

ディープラーニングの進化と計算量

　当時、AIの分野、とくに機械学習の中で注目度が高かったのは、SVM（Support Vector Machine、サポート・ベクター・マシン）[*4]と呼ばれる手法でした。2012年10月以前は、SVMに比べると、ニューラルネットワーク[*5]は"時代遅れ"とされていました。

　ところが、その時代遅れのニューラルネットワークの分野からディープラーニングが生まれたのですから、さらに驚きです。

　大まかに説明すると、ニューラルネットワークとは「入力層・中間層（隠れ層）・出力層」の３層構造でできているものをいいます。この中間層（隠れ層）が二つ以上、つまり「入力層・中間層・中間層・出力層」と全体で４層以上ある場合をとくにディープラーニングと呼んでいます。

　ヒントン教授が2012年に発表したものは８層（中間層が６層）あり、これは、ヒントン教授の共同研究者であるアレックス・クリチェフスキ（Alex Krizhevsky）氏の名前を取って「AlexNet」と呼ばれています。

　その翌年にはVGG（16層）やGoogLeNet（22層）というのが生まれて、20層近くになり、2014年にはマイクロソフトの「ResNet」は152層になって……と、どんどん層が増えています。

[*4] 「これは犬の画像の特徴」「これは猫の画像の特徴」と人間が１枚１枚、コンピュータに教える学習法（「教師あり学習」という）。一度覚え込ませると、見せていない画像に対しても、その特徴から「犬です」のように推論できる。ただし、「特徴」を人間が設計する必要があり、分類する数が増加すると設計が困難となる。

[*5] 脳のシナプスやニューロンの働きをコンピュータ上でシミュレーションすることを目指した数学モデル。現在は生体のニューラルネットワークと区別するため、「人工ニューラルネットワーク」とも呼ばれる。ニューラルネットワークには、教師データ（正解データ）を入力して学習する「教師あり学習」と、教師データを必要とせず自律的に学習する「教師なし学習」がある。

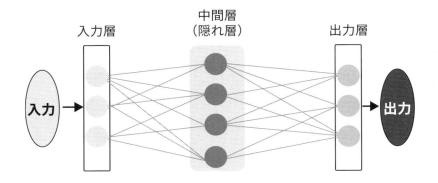

◆ 従来のニューラルネットワークは層数が少ない

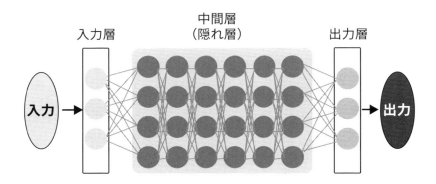

◆ ディープラーニングでは層の多いモデルがよく使われる

層数が増えるほど計算量が増えてしまい、コンピュータに猛烈な負荷がかかります。これは正直なことをいうと、当時のコンピュータでは処理しきれない、実用に耐えないというジレンマがありました。

そこで、「計算量が増えるなら、それに負けないだけの大量のCPUを使って力づくでやればいい」という考えが当時からありました。実際、2012年にGoogleが1000台のコンピュータを使い、教師なし学習という手法を使って「猫の画像」を見せ、「猫」と認識させることに成功したのです。このときはYouTubeから1000万枚という超大量の写真を集めてコンピュータに見せ、「猫」という存在を認識させています。

ちょっと待てよ、ホントにCPUを使わないとダメなのか？

当時は、「ディープラーニングを実行しよう」とすると、CPUを1000台、2000台も並列につなげて使わないと処理しきれなかったのですが、そんなぜいたくなCPUパワーを使える企業は、いまも当時も限られていました。アメリカの超大手IT企業である、Google、Apple、Facebook、Amazonなど、いわゆる「GAFA」と呼ばれる企業グループが中心となってしまいます。

私自身はディープラーニングのイノベーションに対し、その可能性を強く感じていたものの、莫大なCPUパワー争いをGoogleと真正面からやりあっても勝ち目はない、と半ばあきらめていました。その時に注目したものがGPU（Graphics Processing Unit）です。

CPUからGPUにプロセッサを変更できるなら、私にも大きなチャンスが生まれてきます。

それまではというと、ディープラーニングの処理をすると、1台のCPUでは全然計算が終わらないので、数千台ものCPUを使って

処理していました。それは、Googleなど巨大資本でのみ可能な世界です。それが、GPU*6を1台、2台使うことによって、ある程度のニューラルネットワークの層をつくっても高速に計算できるようになるなら、話は違ってきます。

　ディープラーニングそのものは「人の能力を拡張する大革命」といえますが、GPUの存在は、われわれのようなベンチャーでも巨大資本に伍して戦える可能性を示唆してくれたのです。「小が大に勝つ」世界です。

　これこそ、2011年〜2012年にかけて、シリコンバレーを中心に巻き起こっていた新しいディープラーニングの潮流でした。

---

*6　Graphics Processing Unitの略。画像のリアルタイム処理（実時間処理）に特化したプロセッサ（演算処理装置）のこと。CPU（中央演算処理装置）とGPUの違いをイメージでいうと、スーパーマーケットのレジ係で説明するのがわかりやすい。CPUは超有能で高速に処理できるレジ係（1人）のことで、その列に多くのお客が並んで処理を待つスタイル。GPUのほうは数千のレジを並列に並べ、1台1台の処理は遅くても、全体としては圧倒的なスピードを誇るもの。ディープラーニングにはこの並列処理型のGPUが向いており、米国NVIDIA社のGPUが現在、圧倒的なシェアを誇っている。

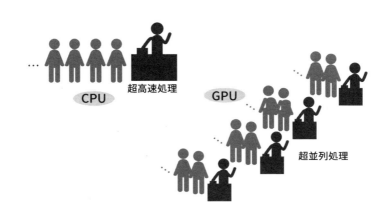

2 もはや「人工知能って何?」の時代は過ぎている

「人工知能(AI)って何?」とか、「ディープラーニングって何?」とよく聞かれます。

これだけ話題になれば、それも当然でしょう。鉄腕アトムのように、何でもできる賢いロボットの誕生を夢見ている人もいるかもしれません。実際、AIのプログラムがチェスの世界チャンピオン、将棋の名人、囲碁の世界最強棋士を次々に撃ち破ってきたのですから、話題にならないはずがありません。

しかし、少なくともビジネスの世界に生きているなら、もはや「人工知能って、何?」などと言っている時代ではない、と私は思うのです。

◆ Google曰く「ディープラーニングは枯れた技術」

最近、Googleは、「ディープラーニングは、もはや枯れた技術だ」と公言しています。彼らにとっては、「いまになって、一般企業が導入するかどうかで迷うなんて、論外だ。なぜ活用しないのか? だって、もう枯れ始めている(十分に使われている)技術なんだから……」という空気になっています。

彼らの有する技術のライフサイクルは異常に早いので、一般企業にそのまま適用できないかもしれません。しかし、Googleにせよ、Amazonにせよ、先を見る会社はすでにAIを製品やサービス、あるいは社内の業務革新のために、当たり前のように使っています。そういう現実があるのです。

われわれとしても、「AIを当たり前に使うフェーズに入った」と強く感じていますし、実際にディープラーニングをベースとした製品、サービスがかなり現れています。

IT企業でのAI導入は、もはや当たり前に

一つは、IT系の世界です。ディープラーニングを応用した音声認識でいうと、AppleのiPhoneやMacに搭載されているSiri（シリ）が有名です。人が話しかけると、いろいろと適切に答えてくれます。

スマートスピーカーのAmazon Echo（エコー）に向かって、「Alexa（アレクサ）」と声を掛けると、アレクサも質問に答えて、天気予報を教えてくれたり、旅行先までの距離を教えてくれたりします。

Google Homeも同じ使い方ができ、「OK、Google。きょうの天気を教えて」というと応答してくれます。

家電量販店に行けば、多数のメーカーから同様のスマートスピーカーが売られていて、専用コーナーまであります。これらはすべて、ディープラーニングによる音声認識技術によって動作しているわけです。

また、よく使われているのがGoogle翻訳[*7]でしょう。「最近はGoogle翻訳の精度が高くなったから、結構使える」という人が増えています。

知らずしらず、われわれは日常的にAI（とくにディープラーニング）を使うようになってきているのです。

YouTubeを見ていると、レコメンデーション（recommendation、推薦）機能というのがあって、次にどの動画を流せばこの人は見て

[*7] 無料で使えるグーグル社のサービスの一つ。約100か国語の短文・長文を「英語⇆日本語」のように相互変換できる。初期は「形態素解析」（Morphological Analysis）などの言語処理に基づく方式で翻訳をしていたが、2016年からはディープラーニングに変更することで、翻訳精度が飛躍的に上がったと言われる。

くれそうか、その確率の高いものを表示してくれます。AmazonのEコマースサイトも同様で、書籍や商品を選ぶと、やはりレコメンデーション機能で「よく一緒に購入されている商品」とか「この商品をチェックした人はこんな商品もチェックしています」などと、他のおすすめ商品を案内された経験があるでしょう。LINEでも、スタンプXを買った人はスタンプYも好きな傾向があると推測し、薦められます。

　IT業界ではかなり前からAIが使われています。これらを見ても明らかなように、「AIの運用時代！」などと大げさなことではなく、すでに「当たり前」に使われているのです。

　そういった現実を踏まえて、われわれは、「AIって何？」という時代ではなく、「AIを運用し、活用する時代に入っている」と申し上げているのです。

3 「IoT×ビッグデータ×AI」の3つセットで

■ データが溜まっていないのが現実

　AI、とりわけディープラーニングの精度を上げていくためには、大量のデータを必要とします。そのためには「IoT[*8]、ビッグデータ、AI」の3つの関係を知って、利用していくことが重要です。

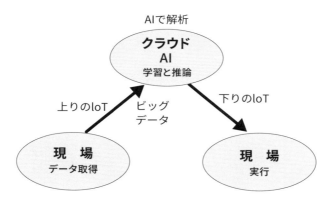

◆ IoTでデータを集め、ビッグデータをAIで解析する

　多くの場合、AIで使えるようなデータ(画像、音声など)を蓄積している会社というのはほとんどありません。それが現実です。
　「AIの導入ですか。ありがとうございます。それで、データはございますか?」と聞くと、たいてい「もちろん、ありますよ」という答えが返ってくるのですが、われわれから見ると、「AIに使える

[*8] Internet of Thingsの略。「モノのインターネット」と訳されている。単に「モノとモノがつながる」のではなく、モノ同士がインターネットを介して情報を交信しあう仕組み。

データが何もない！」ということが多いのです（AIに使えるデータの具体例は後述します）。

そこで、AIを機能させ、データを集めていくためにも、「IoT、ビッグデータ、AI」の三位一体で考えていくことが必要です。

現場に置いたセンサーがデータを集める

まず、「データがない」という企業でも、IoTを使うことで爆発的に大量のデータを集めることができます。これまでは取りにくかった空間上の温度、湿度、地形などのデータも、ドローンにセンサーを付けることで大量の「生データ（RAWデータ）」を短期間に集めることができます。

実際、建設業の例でいうと、1000分の1の時間で、1000倍の情報量（しかも以前より正確に）を取れるようになった事例もあります（5章で紹介）。

人間がいくらPCに向かって高速にデータを入力しても、1秒間に5文字、10文字も打てれば速いほうでしょう。ところが、IoTは人間を介しません。データの入力が自動化されます。

たとえば、農場の作物の生育状況（画像）、温度、湿度、風力、風向き、雨量などを、そこに置かれた多数のセンサーが瞬時にクラウドに送り、自動的にデータとして蓄積することが可能です。

それに伴って、クラウド内のデータ量が爆発的に増えているのです。2013年当時、世界中で4.4ZB（ゼタバイト＝10^{21}バイト＝10^{12}ギガバイト）と推定されたデータ量が、2020年には10倍の44ゼタバイトになるといわれています。

インターネットが商用で使われるようになってから四半世紀。それで4.4ゼタバイトしか溜まっていないのに、2013年以降の7年間でいきなり10倍になるというわけです。データ量が指数関数的に

急増しています。これは、IoTがこれまでとは異次元の大量なデータをかき集め、その結果、ビッグデータを生み出しているからです。

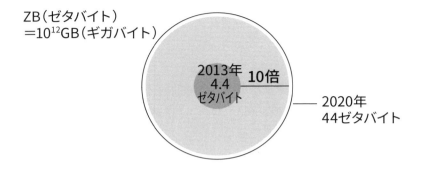

◆ 2013年の4.4ゼタバイトから2020年には44ゼタバイトへ
（出所）IDC

　こうなると、もう人間がデータを一つひとつ見るのは不可能です。詳しい話は後述しますが、IoTによるビッグデータの時代には、「特徴量をすべて人の手で設計する」という面倒な作業をすることなく、「データから自動で特徴量を獲得する」方針が有望となりました。
　だからこそ、人に代わって特徴量を獲得することが可能なディープラーニングが登場したことは、IoT、ビッグデータという存在と不可分なのです。
　そんなとき、ビッグデータをもっていない企業はどうすればいいのか。いまからデータをつくっていく、集めていけばよいのです。そのためには、センサーをたとえば農場、工場、店内にたくさん取り付け、そのセンサーから送り出されるデータを溜めていく。その中から、ディープラーニングを含めたAIの手法を試してみて、いちばん合ったもの、相関性の高いデータを選んでいけばいいと思います（もちろん、ただ取得すればよいというわけではありません。詳細は3章で説明しています）。

上りのIoT、下りのIoT

ところで、IoTについて私がよく申し上げているのは、ひとくちに「IoT」といっても、「上りのIoT」と「下りのIoT」がある、という点です。

「上りのIoT」とは、お店、工場、農場、建設現場などに置かれた無数のセンサーが、さまざまなデータを捉え、クラウドにデータを吸い上げていくこと（アップロード）です。

それに対して「下りのIoT」とは、クラウドでAIがデータ解析し、そこからデータを送って（ダウンロード）現場のロボットなど物理的な駆動装置であるアクチュエータを動かすことです。IoTには、この二つの流れがあります。

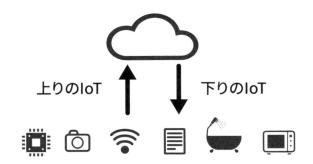

◆ IoTの「上り」と「下り」

IoTにつながるデバイス数は、2020年には次ページのグラフを見てもわかるように、500億個に及ぶと見られています。

昔はIoTは「ユビキタス」（どこにでも存在する意）、あるいは「M to M」（Machine to Machine）とも呼ばれていました。どこにでも存在する機械と機械、モノとモノとが結びつくという意味です。その呼び方が「IoT」に変わっただけのことで、概念としては何ら変

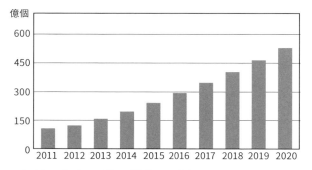

◆ IoTにつながるデバイス数の推移と予測
（出所）IHS Technology

わりありません。

　ただ、当時と比べると、大きな変化がありました。センサーからクラウドへとデータを送り込むところに、低価格で使いやすい高速回線（4G/LTE[*9]など）や通信方式（Sigfox、LPWA[*10]など）が多数使えるようになってきたことです。また、センサーの精度も格段に上がり、低価格で市場に出回るようになりました。

　これによって、センサー側からインターネット経由（あるいは高速で安全な専用回線）でクラウドに上げやすくなった。それがIoTの普及を強く後押ししたといえます。

ビッグデータとは何か

　このように、上りと下りのデータを共有できるIoTデバイスが急

[*9] 携帯電話の高速な通信規格。4Gは4th Generation（フォースジェネレーション）の略称で「第4世代移動通信システム」、LTEはLong Term Evolution（ロングタームエボリューション）の略称で、「第3世代移動通信システム（3G）」を高速化して4Gへの移行をスムーズにするために開発されたもの。

[*10] Low Power Wide Areaの略。消費電力を抑えて遠距離通信を実現する通信方式全般を指す言葉で、増大するIoT需要を支える通信インフラとして期待されている。SigfoxはLPWAの一種で、フランスの通信事業者SIGFOX社が提供するグローバルIoTネットワーク。

増し、その結果として生まれたのが「ビッグデータ」です。ビッグデータとは「それらのデータを人間が見ることが事実上、不可能に近い巨大データ」だと考えてください。

現在はハードディスク（HDD）のコストが劇的に下がっています。2TB（テラバイト）のHDDでも1万円もしない価格で買えます。このため、1GB（ギガバイト）あたりの限界コスト[*11]がほぼゼロなので、データを保存しても、ほとんどお金がかかりません。そうすると、社内のデータも溜め（こちらは主に構造化データと呼ばれるもの）、IoTからのデータも溜め（こちらは非構造化データ）、それら異なる種類のデータを結合していくことになります。

ビッグデータを処理するためのインフラ環境も変わりました。以前であれば、自前でデータセンターをつくらないといけなかったため、その時点で技術的にも金銭的にもかなりハードルが高かったものです。それがいまではクラウドのサーバーを安価に借りることができ、そのハードルがすっかり取り払われています。大手のクラウドサービス[*12]としては、AmazonのAWS、GoogleのGCP、MicrosoftのAzureなどが有名です。

こうして、企業規模の大小にかかわらず、ビッグデータを簡単に扱える環境が整ってきています。基本的にはクラウド上でデータ量をいくらでも大きくしていけることが後押ししていると思います。

[*11] 経済学の用語で、生産量を最小単位で増やしたときに追加的に発生する費用のこと。
[*12] ビジネス向けのクラウドサービスのこと。AmazonのAWS（Amazon Web Services）、GoogleのGCP（Google Cloud Platform）、MicrosoftのAzure（アジュール）が有名。数名のスタートアップ企業でも、これら巨大資本のストレージ、CPUなどを利用でき、しかも初期投資も不要（時間借り）のため、通信インフラ面で会社の希少な経営資源を割く必要がない。

2章

ネコでもわかる
ディープラーニングの原理

1 人工知能（AI）を分類してみると

　前章で、機械学習（マシンラーニング）、ニューラルネットワーク、そして、もちろんディープラーニング……と人工知能（AI：Artificial Intelligence）に関する用語が多数出てきましたが、それらの関係、仕組みなどについてはとくに説明してきませんでした。

　まずは、次ページに人工知能（AI）全体の分類図を示しておきましたので、ご覧ください。この分類の中でとくに知っておいていただきたいのは、

・人工知能（AI）の一分野として「機械学習（マシンラーニング）」などがあること
・その機械学習の手法として「ニューラルネットワーク」や「SVM」があること
・そのニューラルネットワークの手法として「ディープラーニング（深層学習）」があること
・ディープラーニングの中にも、数種類の手法があること

という構造です。

旧来の機械学習SVM、新しいディープラーニング

　この機械学習の中で、少し前までは「SVM」（サポート・ベクター・マシン）と呼ばれる方法が中心的存在でした。

　分類図を見ると、機械学習の中にSVMと並んで「ニューラルネットワーク」の文字が見えます。ニューラルネットワークは、実は古くから知られている機械学習の手法でしたが、なかなか良い精度を

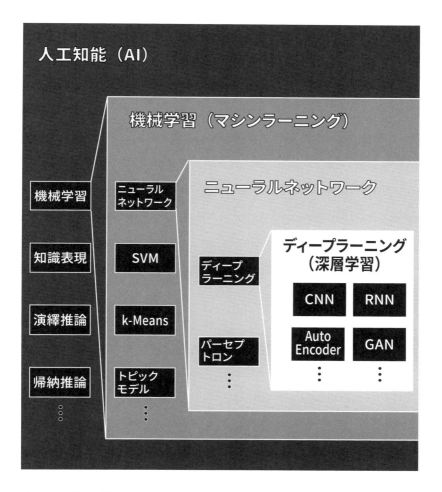

◆ 人工知能の分類図

　　AI　　（Artificial Intelligence：人工知能）
　　SVM　（Support Vector Machine：サポート・ベクター・マシン）
　　CNN　（Convolutional Neural Network：畳み込みニューラルネットワーク）
　　RNN　（Recurrent Neural Network：再帰型ニューラルネットワーク）
　　Auto Encorder　（オートエンコーダ：自己符号化器）
　　GAN　（Generative Adversarial Network：ガン：敵対的生成ネットワーク）

得られないという欠点が知られていました。それは、学習データの不足が原因の一つと見られています。そこでSVMが研究されていたのですが、精度がなかなか上がりませんでした。

そこに2006年のヒントン教授の論文発表（層の深いニューラルネットワーク）、さらに2012年の画像認識コンテスト、つまりILSVRCでの圧倒的優勝があり、ここでニューラルネットワーク、なかでも層の深い「ディープラーニング（ディープニューラルネットワーク）」が俄然、脚光を浴びたというわけです。

画像認識で脚光を浴びたCNN

このディープラーニングにもいくつかの手法があります。ヒントン教授が使い、一躍有名になった手法がCNN[*13]で、他にもRNN、あるいはAuto Encoder、GANなどがあります。

CNN、Auto Encoderは主に画像解析（認識）に使われ、RNNはテキストデータや音声解析（認識）に、GANは学習データに似たモデルの生成などに多く使われます。派生する手法は他にもあります。

---

*13 ディープラーニングの代表的なアルゴリズムで「畳み込みニューラルネットワーク」と訳される。画像認識で実績がある。「入力層・中間層（隠れ層）・出力層」からなり、中間層は畳み込み層とプーリング層からなる。畳み込み層で「特徴量抽出」を行ない、プーリング層でデータ圧縮をする。基本的にその特徴量を維持しながら、データ圧縮をする。

Column

「強いAI・弱いAI」「汎用型AI・特化型(専用)AI」という分類

モグラくん：ミツバチさん、僕は地下に潜ってばかりなので、地上のことがよくわかりません。ミツバチさんはAI企業の人とも知り合いが多いと聞いたので、最近の話をいろいろと教えてください。さっきのディープラーニングの分類はわかりましたが、「強いAI・弱いAI」「汎用型AI・特化型(専用)AI」という分け方も、よく聞きますけど……。たとえば鉄腕アトムは「強いAI」ですか？

ミツバチさん：う〜ん、本来は「強いAI・弱いAI」のような分類はないんです。もし、「強いAI・弱いAI」で分類するなら、さっきの人工知能の分類図で出ていたものはすべて、「弱いAI」です。現在、「強いAI」というのは、この世に存在していませんから。

モグラくん：え、そうなの？　では、もう一つの「汎用型AI・特化型(専用)AI」というのは、どうですか？

ミツバチさん：その分類も人工知能の分類図にはなかったでしょ。ただ、汎用型・特化型(専用)という分類のほうは、強いAI・弱いAIよりも少しイメージしやすい分類ですね。たとえば、鉄腕アトムって感情をもっていて自分でなんでも考えて行動できるし、正義とか悪とかの判断もできましたよね。「なんでもできる」という意味では、鉄腕アトムは「汎用型AI」になるんでしょうけど。でも、現在のAI研究の延長線上に、汎用型AIはないんですよ。

モグラくん：そうすると、僕らが「AI」と思っているのは汎用型ではないってことですか？

ミツバチさん：そうです。いま「AI」と呼んでいるのはすべて「特化型（専用）」のことで、ある分野に限定すれば、人間よりも高い性能を出せるというものです。将棋とか囲碁とかでも、人間を、それも名人クラスを打ち負かして話題になったけど、あれも特化型（専用）だから。全能型の鉄腕アトムではないですよ。

モグラくん：将棋、囲碁か……。ビジネス的には「画像認識」とか「音声認識」が、特化型（専用）AIになりますか？

ミツバチさん：う〜ん、特化型（専用）AIというと、画像認識、音声認識よりももう少し絞って、「年齢推定」「性別推定」といった顧客の属性を見るとか、製造物の正常品か異常品かを判定するとかが、そうでしょうか。

モグラくん：特化型（専用）はけっこう細かい範疇なんですね。ところで、汎用型AIが存在しないなら、どうしてこんな言葉があるんですか？

ミツバチさん：まぁ、世間一般の人が「人工知能」という言葉を聞いて、鉄腕アトムのようなイメージをもってしまったのでは？　それで「なんでもできる」ところから「汎用人工知能」という言葉が、いわばマーケティング的な背景もあって生まれたのかもしれないですね。

モグラくん：言われてみると「強い・弱い」「汎用・特化」というのは、あいまいな分け方かも。

ミツバチさん：AIのような革新的な技術が登場したとき、どうしても一般の人はSF的な、夢のような存在を想像しがちですよね。鉄腕アトムのように自我や感情をもっていたり、そんな「人工知能」があるかのように誤解してしまう。科学的・専門的な素養がないために深い理解力がないのは無理もないことだけれど、それはメディアにも責任の

一端があるようにも感じるわね。客観的に正しい情報を伝えることをせずに、話題先行というか、やや過剰気味に面白おかしく伝える傾向があるのでは、っていったら言い過ぎかしら？

モグラくん：うーん、誰にでもわかりやすく伝えようとするあまり、学術的には不正確だったり厳密さを欠いたりするような伝え方になるのかも。

ミツバチさん：「強いAI」「弱いAI」という分類は、たぶんにそういうところがあるように思いますね。困るのは、こういう一般の人の「常識」と、科学者や専門家の「常識」にギャップが生じてしまうこと。こうしたある種の誤解を解消するのも、本来、専門家やメディアの役割なんでしょうけど。

モグラくん：ぼくらも一所懸命に勉強していかないといけないですね。

ミツバチさん：そうね。しかも、AIの進化はとても速くてどんどん新しい知識が出てくるので、勉強もスピード感が大切になってくるわ。

モグラくん：そりゃ、たいへんだ。がんばらなくちゃ。

2 旧来の機械学習は手間のかかる人工知能

🔲 機械学習の手法で「犬・猫」を分類する

　それではここから、旧来の機械学習と新しいディープラーニングのそれぞれの特徴や違いを見ていくことにしましょう。

　次ページの図を見ると、犬と猫が混在しています。しかし、よく見ると、左側に犬が集まり、右側に猫が集まっています。多くの読者は、ほぼ瞬間的にどれが「犬」、どれが「猫」と判断がつくと思います。

　では、なぜ、その判断がついたのでしょうか。その理由を言葉で説明しろと言われても、なかなか簡単には答えられません。

🔲 コンピュータに「犬・猫の違い」をどう伝える？

　犬は舌を出しているから？　いえ、舌を出していない犬の画像だってあります。猫は耳が立っているから？　いえ、耳の立っている犬だっています……。犬と猫の違いを探すのは、わかっているようでいて、それを言葉に表現しようとすると、案外むずかしいものです。さらに、コンピュータに「犬・猫の違い」を伝えようとすると、どうすればいいのでしょうか。

　このあと、AI分野で少し前まで盛んに使われていた方法で、「犬」と「猫」をどのように認知し、どのように分類していくかについて見ていこうと思いますが、その前に、36ページからのイラスト説明を一度読んでいただくと、その後の説明も理解が進むと思います。

◆ なぜ、犬を見て「犬」、猫を見て「猫」とわかるのか？

　なお、旧来の機械学習のプロセスは、次のようなものになります。
①犬・猫などの特徴（耳の形、シッポなど）を人間が教える（特徴量[*14]の抽出方法）
②画像を入れたあと、「これは犬」「これは猫」と人間が教える（タグ付け＝アノテーション）

[*14] 一例をあげると、旧来の機械学習の場合には、もっと抽象的な「局所特徴量」と呼ばれるものを使って犬や猫の特徴を調べることが多かった。局所特徴量とは、たとえば、ある部分における色味の濃淡の変化ぐあい（局所の特徴）などを数式化し、プログラムとして落とし込むものをいう。ただし、本書では説明を簡単にするために、特徴量を「耳の形」「シッポ」などの言葉を用いて説明している。「耳の形」「シッポ」などは、あくまでも「たとえ」として説明している点に注意してほしい。ともかく、旧来の機械学習ではこれらの特徴量の抽出方法を人間が設計することが必要不可欠だったが、ディープラーニングになると、この作業から解放されることになったことが大きい。

ディープラーニング物語（1）旧来の機械学習

岡田SVM研究室

ディープラーニング前夜です……

特徴量の抽出方法を設計してるんだよ

あれ、先生！なぜ研究室で犬とか猫を飼っているんですか？

カタカタカタ……

人間には「犬・猫」の区別はすぐにわかるけど……

犬、猫！

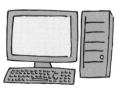

??？

コンピュータには、その区別がむずかしいんだ

犬の特徴

猫の特徴

耳の違いは……
目の違いは……
足の長さは……
シッポは……

特徴量

そこで、犬と猫の違いを示す要素にアタリをつけて数値化していく。
これが「特徴量の抽出」って呼ばれている作業なんだ

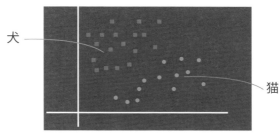
犬 / 猫

その特徴量を座標にしてマッピングすると、こんな感じになる

なんとなく分かれましたね

2章 ネコでもわかるディープラーニングの原理

37

①特徴を探す

そのためには
特徴量の抽出方法を
人間が考えて
設計しないと
いけないんだ
これが旧来の
機械学習だよ

SVMって
たいへんだ
にゃ！

②教える

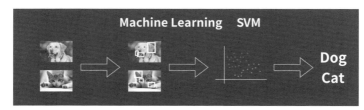

まだ、
やることがあるぞ！
画像を入れて
「これは犬」
と教えてやる。
これを
「タグ付け」とか
「アノテーション」
というんだ

気が遠くなり
そうな作業だにゃ！

えぇ？
画像1枚1枚に
「犬」「猫」と
「タグ」をつけるの？

「特徴量を抽出」する

犬・猫の区別をコンピュータにやらせようとすると、何らかの「計算式」を使って判断させることになります。しかし、計算式を使うには、「耳が違う」「鼻が違う」など、一つひとつ犬・猫の特徴を捉え、どう違うのかを教えなければいけません。

これらの「特徴」を数値化したものを「特徴量」と呼びます。また、特徴量を割り出すことを、AIの研究者は、「特徴量を抽出」すると表現します。

たとえば「耳」の違いという「特徴」をSIFTとかSURFという特徴量抽出の手法を使って座標に落とし込みます（画像に対して数式を使って）。

◆試しに「耳」の形に着目（特徴量を抽出）してみると

たくさんの犬・猫の画像について、特徴量を座標にしてマッピングしていくと、次ページ上の図のように、画像がグループ化されます。つまり、「耳」という特徴量によって、座標上で犬のグループ（左上の■印）、猫のグループ（右下の●印）に分かれていきます。

ここで二つのグループを分類しようとすると、どうすればよいでしょうか。「犬と猫の間に、線引きをすればいい」と考えつきます。

◆ 犬・猫の「耳」の画像の特徴量を座標にしてプロットした

　その犬のグループ、猫のグループをきれいに分類するための境界線の引き方は、犬と猫の点がいちばん近接している軸に対して補助線を引いて、その中点を取ればよいわけです。このように、プロットとプロットの中点をつないで境界線を引いていきます。そうすると、分類がきれいにできます（下図）。

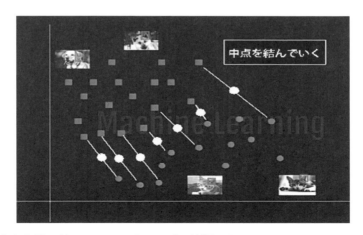

◆ 中点を線で結ぶと2つのグループに分類できそう

ここで、もう1枚、新しい画像を追加したとします。それが犬か猫かは、まだわかりませんが、グラフ上では、右上の▲印の位置に入ったとします（下図）。すると、この▲印の画像は犬でしょうか、それとも猫でしょうか。

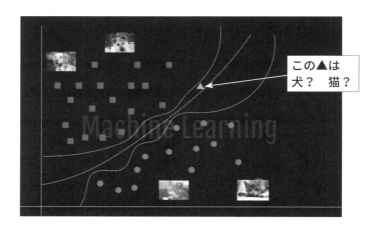

　境界線の引き方によって「犬」と判断されたり、「猫」と判断されることになります。これは、本当は犬なのか、それとも猫なのか。
　これが、機械学習において最もむずかしい課題です。境界線の引き方によって、▲印の場所は、犬にも猫にもなりえます。こうなると、耳という一つの特徴量だけでは解決できないので、さらに、目、口、ヒゲ、毛並み……と、別の部分に着目して特徴量を抽出していかなければいけません。
　しかし、こうやって特徴量の要素を増やせば解決するかというと、そうでもありません。たとえば、「目の特徴は明らかに猫」と判断されたけれど、「口の特徴はどう見ても犬」と判断された場合、この▲印の動物は犬なのか、猫なのか。あるいは違う動物なのか……。
　これは、データを大量に集めて統計的に判断しないと解決のむずかしい問題なのです。

3 ディープラーニングという新しい手法

　旧来の機械学習では、これは「犬」である、これは「猫」であるという大量のデータ（教師データ）を入力した上で、さらに「耳で区別できるだろう」といった犬と猫の違いを示す特徴量の抽出方法を人間が考えて入力しなくてはいけませんでした。

　「この特徴量をコンピュータで自動的に抽出できないものか？」と考え、研究開発されたものこそ、ヒントン教授のディープニューラルネットワークを使った「ディープラーニング」だったわけです。

ディープラーニングにもいろいろある

　実は、ディープラーニングとひとくちに言っても、29ページの分類図で見たように、使用するネットワークにいくつかの種類があります。その中でも、画像認識、音声認識という分野で非常に成果が上がり始めた「畳み込みニューラルネットワーク（CNN）」のお話を次にしたいと思います。

　ただし、この名前ではあまりに長いので、今後は一般的な「CNN」という略称で呼ぶことにします。

　まずは、マンガを見ていただき、大筋のイメージをつかんでいただきましょう。

ディープラーニング物語（2）CNN

岡田CNN研究室

あれ、先生！
新しいコンピュータ。
それに「CNN研究室」
と名前を変えたん
ですね！

そうなんだ。SVMから、
ディープラーニングの
CNNに乗り換えたよ

じゃ～ん！

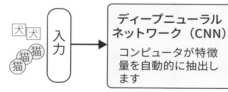

中間層（隠れ層）

入力 → ディープニューラルネットワーク（CNN） コンピュータが特徴量を自動的に抽出します → 出力

犬です！
猫です！

ディープラーニングで
ラクになったよ
特徴量を
教えなくて
いいからね

え、手間も
減ったんですね！

それで最近
寝てばかり
なのか……

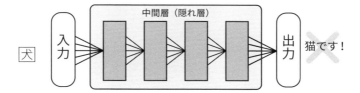

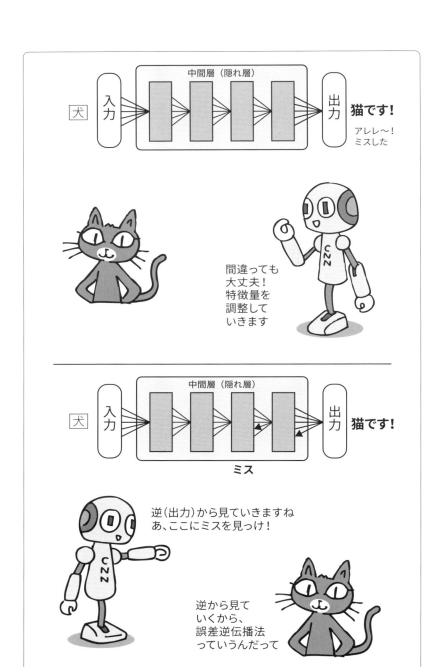

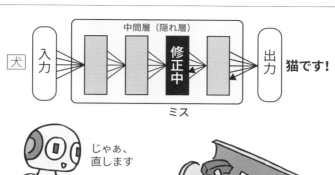

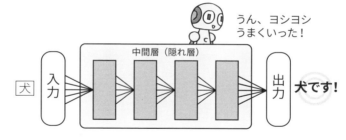

旧来手法とディープラーニングの違い

さて、イラストのページで、おおよそディープラーニングの基本的な仕組みについてはご理解いただけたでしょうか。

旧来の機械学習とディープラーニングの大きな違いは、前者が「特徴量の抽出方法」を人手で設計して入力するのに対して、後者はコンピュータに自動でやらせる、という点にあります。

「これは犬だよ」「これは猫だよ」というタグ情報を付けた（この作業をアノテーションといい、原則として人手で入力を行ないます）大量のデータ（「教師データ」）を入力して学習させることで推論の精度を高めようという考え方は同じですが、「犬である」あるいは「猫である」ことを指し示す「特徴量」を人間が設計しなければならない従来の機械学習では、これをもれなく正確に設計することは難しかったのです。

ディープラーニングは、特徴量の抽出方法を大量のデータから自動で獲得してくれるため、結果として推論の精度を高めることができたわけです。

次の図は、ディープニューラルネットワークの模式図です。左側から入力した画像データが、中間層を経て、右側に出力されます。

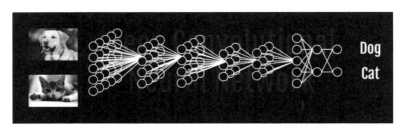

◆ 神経細胞のように見える「ニューラルネットワーク」

100万回でも繰り返し、自動で修正する

　それにしても、ディープラーニングでは、どのようにして特徴量の抽出方法を学習していくのでしょうか。それを、一般的なCNNを用いて説明します。

　画像に写った物体を識別するのは、一般に「教師あり学習」として学習されます。ですから、「犬・猫」の画像認識においては、「犬」や「猫」の教師データとなる画像データを最初に用意して、コンピュータに入力します。コンピュータは入力された画像から、それが「犬である」あるいは「猫である」という特徴量を自動的に抽出します。その特徴量によって、「犬」と入力した画像が「犬」と出力されればよいのですが、なぜか間違えて「猫」という出力になったとします。すると、コンピュータは答え合わせをして、抽出した特徴量に誤りがあったことに気づきます。

　そこで、特徴量の抽出方法を修正しようとします。特徴量は、ニューラルネットワークの中間層に、数値として抽出されていますが、コンピュータが「中間層で特徴量の抽出方法をどのように修正すれば、出力が正しい『犬』になるのか」を調整するために、出力に近い箇所から、つまり後ろから順に「どこで失敗したか」を探して調整していき、仮にその地点だけで調整しきれないなら、さらにさかのぼって入力に近い箇所を調整する……という作業を行ないます。これを誤差逆伝播法、あるいはバックプロパゲーション（Backpropagation）と呼んでいます。

　このバックプロパゲーションの仕組みを水道管を用いて説明してみましょう。ただし、これはわかりやすさを優先して非常に簡単化した説明だという点はご了解ください。

バックプロパゲーションを水道管で考えると

　51ページの図は、上から水を流し、その後、バルブで水量を調整しながら多数の水道管を通り、最後は予定通りの蛇口から水を出すという水道管の模式図です。バルブの部分が「流れる水量」を決める部分で、ディープラーニングの「特徴量」の調整（パラメータ）に相当すると考えてください。

　最後にA、またはBの蛇口から水を取り出します。「犬・猫」の画像認識でいえば、Aの蛇口が「犬」という出力、Bの蛇口が「猫」という出力に相当すると考えてください。全体としては、バルブでどの管に流すかを決めながら、最終的にA、またはBへ誘導するという仕組みです。

　まず、水を上から流します（入力）。すると、各バルブで調整されながら水があちらこちらの管を流れていき、最終的には「A」か「B」のどちらかの蛇口から水が出ます。

　ここで、Aの蛇口から水が出てほしかったのに、Bの蛇口から水が出たとすると、その直前のバルブを調整して、なんとかAに流れないかとコンピュータが自動調整します。しかし、直前のバルブだけでは対処しきれないとなると、もうひとつ前のバルブで調整を再度試みます。こうしてなんとかAの蛇口から水が流れるようになれば、最初の水の流れは成功です。

　次に、2杯めの水を流します。これも予定している蛇口から水が出なければ、先ほどと同様の調整をすることで、流したかった蛇口から水が出るまで調整します。3杯め、4杯め……と続けていったあと、また1杯めの水を流すとどうでしょうか。最初の調整とはすでに異なってきているため、水が違う蛇口から出てしまうかもしれません。そこで、再調整が図られます。これを1万回でも、10万回でも、100万回でも繰り返します。人間なら嫌になりますが、コ

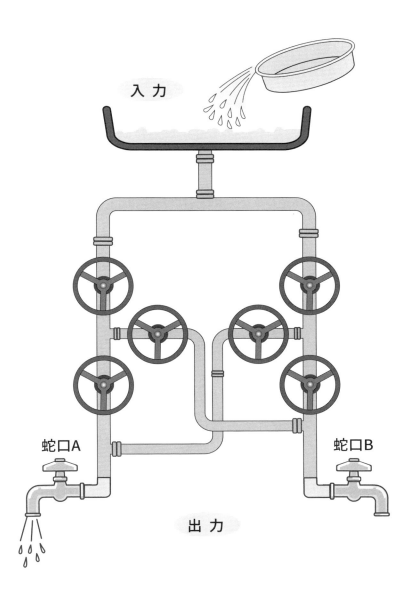

◆「ニューラルネットワーク」を水道管にたとえてみると

ンピュータは飽きることなく調整を続けてくれます。

最後にテストをする

　大まかなバックプロパゲーションのイメージをお伝えしましたが、実際には、犬・猫のきれいな画像だけでなく、画像をちょっと回転してみたり、伸縮してみたり、クロッピング（画像の一部分を切り出す）してみたりといった変形を加えた画像も入れてやることで、精度を高めるという工夫もしています。これはデータ拡張（Data Augmentation）と呼ばれる操作で、限られたデータ資源に対し不自然になりすぎない範囲の変形を行なうことで、仮想的に水増しすることができます。

　こうして学習を終えても、それは赤ちゃんに「これは犬だよ」「これは猫だよ」と教えたようなもので、別の犬、別の猫を見て正しく「犬！」「猫！」と答えてくれるかどうかはわかりません。そこでどのくらい理解したかをテスト（検証）してみます。

　一般に、全部で100枚の画像があれば（実際には万単位のことが多い）、学習用に70枚〜80枚ほどを利用し、残り20枚〜30枚は検証用に使います。この検証用の画像を見せてどの程度「犬」「猫」と言い当てられるか。ここで90％、95％などで当てられれば、そのモデルの精度は「90％」「95％」ということができるのです。

Column

教師あり学習、教師なし学習、強化学習

モグラくん：さっきの話で「教師あり学習」という言葉が出てきましたけど、それはどういう意味ですか？

ミツバチさん：たとえば、コンピュータに犬や猫の画像を入力するとき、最初に「この画像は犬ですよ」「猫ですよ」と教える（タグ付けする）学習方法が「教師あり学習」です。「犬である」「猫である」という、いわば正解のタグ付けがされたデータを「教師データ」といいます。

　さて、教師データという正解のデータから、自動で特徴量を抽出していくわけですが、それで高い精度で正解の「犬」にたどり着けるとは限りません。判定を間違えるようなデータがあれば、バックプロパゲーションなどで精度が高まるように特徴量の抽出の仕方を調整していくわけですね。

モグラくん：「教師あり学習」って、たとえばどんなものがあるんですか。

ミツバチさん：29ページの図で言うと、旧来の機械学習の一つSVM（Support Vector Machine）もそうですね。図にはありませんが、決定木、ロジスティック回帰と呼ばれているものも「教師あり学習」ですよ。正解を教えている分、効率的にコンピュータが学習できる利点がありますね。

モグラくん：へぇ〜、あの図に書いてない方法もたくさんあるということですね。ところで、「教師あり」という以上、「教師なし」というのもあるんですよね、きっと。

ミツバチさん：そうです。「教師なし学習」では、正解である教師データを入力しません。「教師データではないデータ」から学習をさせるのです。k-MeansとかAuto Encoder、GANなどは「教師なし学習」の例なんですよ。

モグラくん：うーん、正解かどうかわからないデータから学習するなんて、なんだか大変そうだなあ。何を出力すればよいか、ということ自体、わかっていないところから始めるということなんですね。

ミツバチさん：もうひとつ、「強化学習」というのもあるんですよ。これはイメージとしては、「ほめて育てる」ような学習法ね。「教師あり学習」のようにきちんと正解を教えないけれども、近い答えとか、良い答えを出したときには「ほめる」という指導方法よ。囲碁や将棋でAIが活躍したけれど、そこでも使われましたよ。

モグラくん：そうなんですか。僕は先生に正解を教えてもらえて、ほめてもらえるのがうれしいんだけどなぁ。

ミツバチさん：うーん、ほめてあげたいけど…。残念ながらほめるところが見つからないわ。

モグラくん：えー、そんな……。

手書き数字を
ディープラーニングで読み取る

 手書き数字を正しく判断するには

ディープラーニングの内部で何をやっているのか、身近な具体例で見ておきましょう。ここでは手書き文字という画像認識の例を取り上げます。

下の図は数字の「3」を手書きしたものです。

いま、1文字のマス目が「縦×横＝28×28」の784ピクセルの画像だとすると、この「3」という手書き文字は「784次元」といえます。

28ピクセル（28マス）

28ピクセル（28マス）
28×28＝784ピクセル

◆ **手書き数字（28×28で「784次元」）**

この784次元のピクセル画像（文字）をニューラルネットワークに入力すると、「中間層（隠れ層）」を通していろいろな情報がどんどん伝播されていきます。数字は10進数であれば、「0、1、2、3、4、5、6、7、8、9」の10個しかありません。つまり、784次元のデータを入力（左側）しても、最後（右側）は10次元まで圧

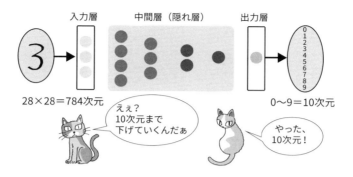

◆ 手書きの数字を「3」として認識してもらうには

縮しないと、「1」なのか「3」なのかの結論が出ない、ということです。

いちばん高い確率の場所（特徴量）に落ち着く

そして、この10個の手書き数字にはそれぞれの確率があります。たとえば、0の確率が0.05（つまり5％です）、1の確率も0.05（同5％）、2の確率も0.05（同5％）、3の確率が0.4（40％）でいちばん多く、4の確率が0.05（同5％）……9が0.05（同5％）と示されたとします（これを「確率分布」といいます）。

「3」が40％で、いちばん大きな確率です。この確率から見ると、「この手書き数字は、どうやら『3』である確率がいちばん高そうだ」という結果をコンピュータが出したようです。

0	1	2	3	4	5	6	7	8	9
0.05	0.05	0.05	**0.40**	0.05	0.05	0.10	0.05	0.15	0.05

↓
○

このように、3がいちばん高くなった場合は「正しい判断をした」ということになります。
　しかし、3がいちばん高くならなかった場合（たとえば3が0.10で、6が0.30になった等）は答えが間違っていますので、3の確率分布がいちばん高くなるように、中間層のどこかのパラメータを修正しなければなりません。
　このとき、答え（後ろ）のほうから修正をしていくので「誤差逆伝播法」（バックプロパゲーション）と呼ばれているわけです。「あれ、3が0.10になっている。3の確率が大きくなるように中間層を調整しよう」といった処理（上書き処理）をコンピュータが自動的に行ないます。

画素の特徴をコンピュータが見ていく

　文字（数字）は画素で見ていきます。「3」であればマトリクスの中央・最上部あたりが黒くなりがちですが、「0」「6」「8」「9」の可能性もあります。しかし、「3」だけは中央近くの少し左部分が塗りつぶされていません（他は塗られている）ので、それは「3」の可能性が高いといえます。

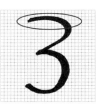

マルで囲んだ辺りに
黒い画素が多い
（3の特徴）

　もし、手書き数字が「1」であれば、中央の縦線が上から下まで多くの部分で黒くなる確率が高いので、1と判断できる（4の可能性は残りますが）、ということです。コンピュータには「形」はわ

かりませんから、このような手順で「確率」的に推定していきます。

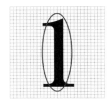 黒い画素が多い
（1の特徴）

　こうして、ディープラーニングの画像認識技術によって文字を読み取るということを行なっているのです。おおよそのイメージをつかんでいただくことができたでしょうか。

3章

AIの導入前に知っておきたいこと

1 弘法も釣り竿を選ぶ

　私は企業がAIを導入する場合、「使いやすい釣り竿を選ぶ」ことをお薦めしています。「弘法、筆を選ばず」といいますが、AIを活用する場合には「使いやすい釣り竿（道具）を選ぶ」のが賢明です。
　弘法大師のような天才的エンジニアが社内に何人もいるのであれば、どんなに高度なAIツールでも使いこなせるかもしれません。しかし、そうでない限り、わざわざ使いにくい道具を使うより、「使うのがラクなAIを導入しましょう！」ということです。

「最もつまずきそうな部分」を見て選ぶ

　そこで、初心者でも使えるAI、上級者向けのAIの見分け方となるわけですが、案外、むずかしい話です。いちばんよい基準は、AIを導入するプロセスとして、

――自分たちが、最もつまずきそうな部分が解決されているかどうか

という点で見分けることです。
　どこがつまずきそうかを自分たちで理解し、そこに対して解決策を提示しているAI企業、AI製品を見つけ出すことが第一歩です。
　もう一ついえるのは、オールインワンでできる製品のほうが使いやすいと思います。
　AI導入の際、社内ですべてを用意できる会社はほとんどありません。このため、どうしてもAI企業の力を借りることになりますが、その場合もAI企業に「丸投げ」するのではなく、一部だけ力を借り

る。そして社内にAIのスキル、ノウハウをできるだけ蓄えていく、というスタンスが大切です。

社内にAI人材を育てていく

丸投げせず、AI企業の力をうまく活用しながら導入を進めていく際、社内にAIに強い人材を育てていく必要があります。もともと、社内にAIリテラシー、ITリテラシーをもっている人が初めから何人かいれば、その人たちが核になって組織に広がっていくことになると思います。

AIの導入を機に、そのようなリテラシーをもった社員を2〜3人育てるか、あるいは採用するか。いずれにせよ、AI導入の核となる人材や、チームを育て、彼らが周囲の社員に伝播させていく。そういう組織の設計をしていく必要があると思います。

技術的な観点をもち、ビジネス発想のベースももつ

では、どんな人がAIチームの核となるのか。その場合、最も理想的なタイプというのはどういう人材でしょうか。

エンジニア担当であれば、「数学、物理学、プログラミング能力」の3つが全部そろっている人がいれば、最も適任です。

数学については、とくに線形代数や微積分に詳しい人は、効率的なプログラムが書けます。プログラミング言語では、Python(パイソン)[*15]を使えるとよいでしょう。

[*15] コードの可読性に優れた汎用のプログラミング言語(インタープリタ型)。標準ライブラリが多く、サードパーティ製のライブラリも多くが無料でネットからダウンロードできる。また、数多くのOSに対応していることでも人気が高い。必ずしもAI(ディープラーニング)用の言語というわけではないが、AI関係の言語としては最も使われているといってよい。

とはいえ、そんな３拍子そろった人材は、残念ながらなかなかいません。さらに、技術的な観点以上に大事なことがあります。それは、その人たちが「ビジネス発想の観点」をもっているかどうか、です。

　いくら数学ができても、自社の経営課題が何かを見つけ、それにどうAIを適応させればよいか、その問題解決策、ソリューションを考えられるかどうかは、技術的な観点とは別の次元だからです。その意味では、業務プロセスの理解と、その業務の利益構造をきちんと理解している人が求められます。

　このようにAI導入のリーダー、担当エンジニアを選抜し、できるだけ使いやすいAIツールを導入することをめざす。そこから始めるのがAI導入のスタートラインだと思います。

2 ボトルネックに AIを注ぎ込む

 AI化に成功した、けれども利益には貢献しなかった……で、いいの?

　AIに限らず、企業がIT投資をする際、私は「ROI（投資対効果）」という指標を重視しています。その観点からすると、企業利益に貢献しないAI投資・導入をやっている企業が多いことに驚きます。

　もちろん、企業としては「AI導入を成功させて、利益を生む会社にしよう」と考えているはずですが、ここに問題があります。

　「AIでこんなことができる」と聞いて、すぐに導入に走るケースです。そうなると、AIシステムを導入できたけれど、結局、「1円を0.9円にしている」だけということになりがちです。それは「AIを入れても利益構造が改善しない部分」に導入をしているからです。

　ですから、「技術的にAIでこれができる」ということではなく、たとえ難しいチャレンジであっても、「もし成功したら、その暁にはウチの利益構造が飛躍的にカイゼンする」という方向に投資をしたほうがいいと思います。

　今後、いろいろなAI導入の事例が広がっていけば、どのような業務がAI導入で成果を出しやすいかといった知見が社会的に共有されていくと思いますが、「利益にどれだけ結びつくか」を最初に考えて進めれば、失敗することは少ないはずです。

 ボトルネックはどこにあるのか?

　AIへの投資・運用でいちばんインパクトがあるのは、企業におけ

るボトルネックとなる経営課題に対し、AIで問題を解決していくという点です。自社のボトルネックを解決することで、大幅なリターンがある、つまり利益が著しく向上したり、コストを劇的に削減できる部分にこそ、AIを導入していくべきです。

　こうしたボトルネックは、業界によっても、企業によっても違います。「どこがボトルネックかわからない。教えてほしい」と聞かれるケースもありますが、われわれも各社の経営課題をすべて熟知しているわけではありません。もちろん、われわれがコンサルティング[*16]することも不可能ではありませんが、各社で「仮説」をもつことこそ、重要だと思っています。

　「仮説」を立てるには、まず、その企業の事業や業務プロセスを分解して、どの工程から付加価値が出ていて、どの辺りがボトルネックになっているか、そしてボトルネックのどの部分のつまみ（スイッチ）を変えたら、いちばん利益が伸びるのか、あるいはどのつまみのパフォーマンスが悪いのか、と見ていきます。

　以下、具体的な事例で見てみることにしましょう。

◼ 小売・流通業の来店者数──4320万円 vs. 192万円

　小売・流通業であれば、次のような例が挙げられます。これまで、小売・流通業で来店客の人数をカウントするのは、野鳥の会の人が数取りをするように、カチカチと人手で数えていました。人が数えるためには、一つの入口に対して1人が1日立って計測するわけです。

　ショッピングセンターは12時間くらい開店していますから、時給1000円とすると1日で1万2000円。1か月で36万円で、10か所

[*16] 実際にはわれわれのパートナー企業のなかのコンサルティング会社に依頼している。互いにノウハウの共有はしているが、餅は餅屋に任せている。

でカウントすれば1か月で360万円、1年で4320万円です。かなり大きなコストがかかります。

このコストを出し惜しみすると、特定日にしか来店人数をカウントできず、季節による変動、天候による変動、土日と平日の違い、給料日前と給料日後など、それぞれの条件ごとに来店人数がどう変動するのかを詳細に調べることができません。

それがAIを使うと、かなり大きく改善されます。われわれの場合であれば月1万6000円（1台あたり）でカメラを取り付けてお客様をカウントしますので、10か所で16万円、1年間計測し続けても192万円です（設置費用は別途かかります）。

4320万円対192万円——こうなると、「コスト・正確性・データ量」など、どれを考えても、少なくとも来店客数のカウントで見ればAIのほうが正確・安価に仕上がります。このような忍耐のいる仕事はAIのほうが向いていますし、そこから得られる情報は売上・利益に貢献する施策を考えるためのヒントになるはずです。

 製造業のボトルネックに——利益構造を大転換するAI

次に製造業の例を挙げてみましょう。工場ではすべての製造プロセスで自動化が進んでいますが、最後の検査工程だけは人手で行なっているところが多数あります。製造物の欠陥には無数の種類があり、それを自動的にハネるのがむずかしく、ベテランの職人技に頼っているのです。

これは、コストの問題だけでなく、担当者の仕事が過重になりやすい、急な増産やライン拡大に対応しにくい、といったデメリットも生み出します。

つまり、注文が増えても、それに対応して検査工程の生産性を上げることができないため、会社全体の利益構造にとって、人手によ

る検査工程が大きなボトルネックとなっているのです。そこにAIを入れることができれば、利益構造を一気に変えることができます。

　後の5章でくわしく見ることにしますが、自動車部品のギヤ1個あたり2秒で次々にチェックして見ていくのは、いくら熟練した人といえども、至難の業です。それも生産プロセスがしっかりしている企業であれば、そもそも日本国中で1日1個程度しか不良品が出ません。そのような状況で、毎日毎日、検査している企業も多いと思われます。

　人命に関わる製品をつくっている企業では、不良品や欠陥品を見逃して市場に出せば、それでアウトです。そういうケースではAIでいったんハジき、ハジいたものを人の目で再確認する（人間が確認する個数を減らせる）、という方法もあります。

　また、人件費の面でも、小売・流通業で見たのと同じように、AIを導入したほうが有利に働く場面が多いと思います。

3 データ取扱いの リテラシー

1章で「社内データがあると考えている企業でも、そのデータが使えないことが多い」という話をしました。データは存在するけれども使えない、これはどういうことでしょうか。

 最低限、Excelのフォーマットで送る

この点については、「データフォーマット」を知り、データに関するリテラシーを高めておくことが、AI導入、実装への近道といえます。たとえば、AI企業に対して、PDFファイルを送ってくる顧客もいますが、PDFファイルを受け取った側としては、とても困ります。

データを利用する以上、送受信するデータフォーマットは、PDFではなく、JSON（ジェイソン）[*17]やXMLなどの構造化データで送ってきてほしいからです。せめてCSVの形にするか、それも無理であれば最低限、Excelのフォーマットで送ってください、とお願いしています。

[*17] JavaScript Object Notationの略。いろいろなソフトウェア、プログラミング言語の間で「データの受け渡し」が容易にできるように設計されたデータ交換フォーマット（軽量な言語）。 人間にとって読み書きが容易で、コンピュータにとってもデータを扱いやすい特徴がある。本来はJavaScript言語のサブセット版だが、単純な処理で書き出し・読み込みができるため、JavaScriptに限らずほとんどの言語間における「データ受け渡しフォーマット」として使われている。

エンジニアの扱いやすいAPI仕様データ

では、いちばんよいデータの送り方とはどんなものでしょうか。AI企業の場合は、たいてい、データを自動的に連係するAPI[*18]のような仕様で送ってもらえると、いちばん効率的です。APIという仕様を使うことで、データ送信における「約束事」を明確にできるからです。

APIというのは、たとえば「from A to B」のようなパラメータをつけてリクエスト（call）すれば、「A〜Bまでのデータ」を返してもらえる（reply）、といった約束事のことです。Excelのフィルター機能のようなもの、と考えてください。

このように、IT企業の仕事の進め方というのは、APIベースでコントロールできるようにしている場合が多いのです。なぜなら、そうしておかないと、異なるシステム間でのデータ連係（たとえばPOSデータとの連係）がスムーズに運ばないからです。運用が自動化されないと、結局、そこに人手が介在し、自動化を阻害する要因となります。

AIで業務を効率化する場合のキーワードの一つは、この「自動化」にあります。自動化できるか、できないか。データの送受信に限らず、業務改善は常にそこを考えていくと、AI導入もうまくいくと思います。

永遠に自動化されない理由は「人」

「Excelの表を写真で撮って送ってくる」という例もあります。われわれとしては、Excelでつくった表があるなら、Excelのファイル

[*18] Application Programming Interfaceの略。ソフトウェアの機能やデータを共有するための仕組み。APIを共有することで、異なる会社同士のソフトウェア、データの使い回しがスムーズになる。

としてそのまま送ってもらえば使えますが、なぜか、Excelの表を写真に撮り、その画像ファイル（jpeg）を送ってこられるケースもあります。

　なぜ、こんな例を出したかというと、それは単に「データの取り出しに困る」といったことを指摘したいのではありません。実はここには「永遠に解消されない課題」が隠されているからです。それが先ほど述べた「自動化」です。

　つまり、このような方法を取っている限り、AIを社内に導入できても、その企業は永遠に自動化できない、生産性が上がらない部分を温存することになるからです。

　IoTの例で説明するとわかりやすいかもしれません。センサーで最初にデータを取る部分、たとえば農場に置かれた温度センサーで自動的にクラウドにデータをアップすればいいのですが、農場で人が温度計を見てそのデータを打ち込み、クラウドにアップするとしたらどうでしょう。後工程がいくら高速化・自動化されても、人間が介在する部分（温度データを手打ち入力する）が残れば、必ずそこが業務プロセスのボトルネックになります。

　「Excelの画面を写真に撮る」というのも同じです。問題なのは、それを撮るのが人間である、という点です。すると、他の部分がどんなにAIで自動化されても、そこに「人間が写真を撮る」という行為が介在する以上、それがそのままボトルネックとなり、本質的な問題解決にはなりません。そこがもったいないのです。

丸投げ体質が遠因？

　「まさか？」と思うような事例をいくつか紹介してきましたが、なぜ、このようなことが起きるのでしょうか。その一つの理由として、企業の「丸投げ」体質があるのではないかと私は見ています。

実は、AI企業としては丸投げしてもらったほうが儲かって嬉しい、という面もあるのですが、私自身は常々、依頼主の方々に、「丸投げはやめたほうがいい」と申し上げています。自分たちの会社にAIを導入する以上、やはりきちんとデータフォーマットから勉強していくべきです。

　AIの導入を、データに関する自社のリテラシーがどうか、AIを運用していくための人材が育っているかを考え直すきっかけにしていただきたいと思います。

4 非構造化データは宝の山

AIを導入しようと思ったら、まず「大量にデータを集めておく」ことです。わずかなデータ量[*19]で学習させようとしても、現在のディープラーニングを用いて構築したモデルの精度は上がりません。

 非構造化データを変換する

「何を分析したいのか」によって、どのようなデータを使うかが決まってきます。また、データの種類としては、構造化データが扱いやすい形式です。具体的には、ERP[*20]やCRM[*21]などで蓄積された業務データや、Excelなどの表形式のデータです。

それに対して、画像や音声のような非構造化データは、そのままですと扱いにくいデータの典型といえます。といっても、その扱いにくい非構造化データを構造化データに変換する部分こそ、まさにディープラーニングがいちばん得意とする部分です。

[*19] 少ないデータ量で効果を上げようという研究もある。「半教師あり学習」では、仮に100万枚のデータがあっても1万枚しかタグ付けしていないような場合、その1万枚(教師データ)を活用し、「半教師」として使おうという手法。転移学習(トランスファーラーニング)は、Aというタスクのときに学習したモデルを少し変えることでBにも使おうというアイデアで、検品などに応用できる可能性がある。ゼロショット、ワンショットラーニングと呼ばれている手法も同様、少ないデータで効果を上げようというもの。ただし、いずれも研究段階で、実用にはまだ時間がかかりそう。

[*20] Enterprise Resources Planningの略。製造、販売から人事、財務に至るまで、企業全体の経営資源を有効に活用するための手法のこと。「企業資源計画」と訳される。実態としては、これら基幹業務の活動を支援するためのパッケージソフトを指すことが多く、ここではそのデータフォーマットのことを指している。

[*21] Customer Relationship Managementの略。「顧客関係管理」と訳される。顧客データベースを管理・分析し、売上や利益率の向上などの経営目標を実現させるシステム。

構造化データ	POSデータ、JSON、XMLデータ、Excelデータ、CSVなど
非構造化データ	画像データ（jpeg）、音声データ（mp3、wav）、文字データ（txt）など

◆ 構造化データと非構造化データの例

　これまで画像、音声、手書き文字などの非構造化データは、定量的な情報としてはコンピュータ上でほとんど扱えませんでした。それが一気に扱えるようになったことが、ディープラーニングによる革命ともいえる部分です。

　ただし、データの変換や統合の方法論は日々進化していますので、くわしくはAIの専門家に必要のつど、聞いてもらうほうが確実です。

　画像、音声などの非構造化データを構造化データに変換できたら、あとはデータベースとして自在に扱えます。その分野はAIとかディープラーニングというよりも、通常のプログラム開発の範疇ですから、APIを利用してさまざまな処理を加えていくことができます。

ディープラーニング物語（3）Auto Encoder

岡田Auto Encoder分室

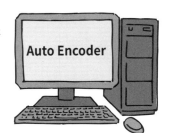

CNNで業績を上げたんで、分室をもらっちゃったよ

また、新しいコンピュータ……。
それに、
「Auto Encoder分室」
って、なんですか？

入力　　　　　　　　　　　　　　出力

CNN（ディープニューラルネットワーク）

犬です！

犬と猫の
画像を入力して
犬か猫を
推論するにゃ

CNNって、
こんな感じ
だったよね

でも、比較対象できるデータを
用意しにくいケースだってあるんだ。
たとえば……

異常音が出れば
「故障」と感じるけど、
異常音を聞くことは少ないし、
そのパターンも無数にある

日本の工場は品質管理が
行き届いているから、
不良品がそもそも少ない。
そうすると、不良品の
教師データを
たくさん用意できない

しかも、不良品のパターンは
異常音と同じで、無数にある

どうするにゃ？

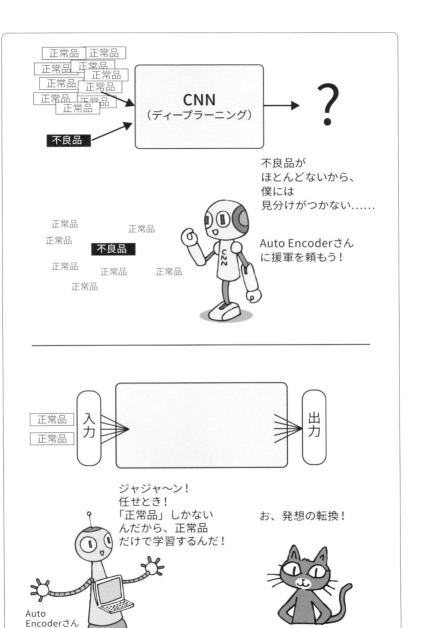

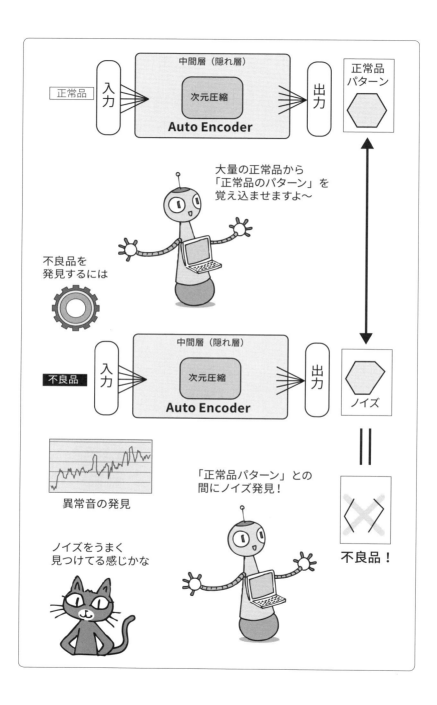

顧客はなぜ買わなかったのか？——プロセスを視覚化する

　AIを導入して来店客の属性を知ろうと考えると、「顔データ」などの非構造化データの出番です。非構造化データによって、どんなことがわかるのでしょうか。

　いちばん大きいのは、小売店であればお客様が「なぜ買わなかったのか」などをある程度、推定できるようになることです。これまでは、小売店では正確な来店人数さえわからないことも多く、お客様が店内のどこで立ち止まり、どういう導線[*22]行動をしたのかもわかりませんでした。

　そして、最終的に「買いました」というPOSデータしか残ってい

◆「顔データ」の画像認識で来店客の属性を推定する

---

*22 来店客が小売店内を見て回る道順、軌跡のこと。客導線ともいう。この導線が長いほど、来店客が店内に滞留する時間も長くなり、さまざまな商品との接触機会も増えて、売上が増えることが期待できる。なお、Eコマースではホームページ内で利用者が閲覧したりクリックしたりする動きのことをいう。

なかったのです。結果だけしかわからず、そこに至るプロセスがまるでわからなかったということです。

　本来、小売店の場合、顧客の行動プロセスが重要です。お客様が店に入ってきて、通路Aをスッと通り過ぎ、通路Bでは立ち止まって棚を見た、商品Cを手に取った、けれども価格を見て戻した……。こういう行動のプロセスがつかめれば、「買わなかった」理由も、仮説ベースではあっても一定程度まで推定できるからです。

顧客の属性と導線行動データを分析して

　ディープラーニングを活用することで、来店客の男女・年齢などの属性だけでなく、店内での行動などの情報もわかります。

　そこで「属性情報・滞在位置・時間情報」と、POSデータによる「購買情報」とを結び付ければ、このような導線行動をとった人は65％の確率でこのような商品を買う傾向がある（あるいは買わない）、ということがデータベース化されていくので、それを分析して、具体的な施策に活かすことができます。

　たとえば商品Xを買った人にはこういう導線行動パターンがいちばん多かった、この導線のパターンは探し物が見つからなかった人に多く、商品の陳列を変更する必要があるのではないか、といった仮説の立案と、その対策も取れるようになります。

　いままで使えなかった非構造化データが、AI導入によってビジネスにとっての宝の山に変わるのです。

5 「フレーム問題」に AIは対処できるか?

AIには、「フレーム問題」というパラドクスがあります。これは企業がAIを導入するときに気をつけるべき問題です。

港区高輪の天気を予測する「データの範囲」は?

一般に、ディープラーニングでは「データが多いほど精度が出やすい」と考えられています。けれども、データが多ければ多いほど、処理時間もかかります。できれば、ありとあらゆる情報をインプットして精度を上げたいところですが、そうなると無限大のデータを処理することになり、いつまでたっても計算が終わりません。

つまり、どこかで線を引いて、それ以外のデータは使わない、ということを決めないといけないのです。これを「フレーム問題」といいます。

フレーム問題を理解していただく例として、天気予報の例を見てみましょう（あくまでも架空の例です）。

ディープラーニングを使った天気予報のシステムを考えたとき、どれだけのデータを学習させてモデルをつくればよいか、ということです。そもそも天気予報は、一定の地域でこそ意味を持つものです。東京にいる人は、大阪の天気予報を聞いても、直接的には役に立たないからです。しかし一方で、大気はつながっています。そのため、大阪の天気が東京の天気と無関係とはいえません。

そこで、どこまでのデータを学習させるのか、というフレーム問題が出てくるわけです。

僕は中部地方くらいでは足りないと思うんです。天気は世界の気象と連動していますから……

ケニアの草原を吹く風が明日の東京に豪雨をもたらす可能性もありますし……

君の言っているのはカオス理論かな。まぁ、明日の天気には関係ないけれどね

高輪の天気予測のために地球上のあらゆるデータを集める！

フレームは考えようね

北極

温度
湿度
風向・風力
：
エベレスト

ケニア

1万m
1mきざみ
地表
東京

世界中のありとあらゆる地域、高度も1万メートルぐらいまでのデータを集めてみたいんです……

データは多いほうがよいので……

無関係なデータは入れない

　ディープラーニングでは、マンガの部下の言うとおり、「データは多いほどよい」というのは事実です。また、気象予報士であれば、地球上のあらゆる雲のデータ、雨のデータ、風力、湿度、温度などが関係する、と考えるかもしれません。

　それらがまったく無関係のデータとはいえませんが、しかし、明日の港区高輪（東京都）の天気を予報するのに、ケニアの気象データまで必要でしょうか。

　それに、ケニアといっても、ケニアのどこで取ったデータなのか、データを取る場所が1m違っても温度は違うかもしれません。そうすると、地球上のすべての場所（海上も含め）に温度センサーを設置しなければいけませんし、地表付近だけでなく、高度1万メートルくらいまでも考えなければいけない……、という果てしない話になってしまいます。

　しかも、温度の場合、単純に25℃といっても、小数点以下のデータもあるわけです。そうすると初期値鋭敏性[*23]の問題が出てきて、最後の下2桁、たとえば25.563252215℃の最後の「15」がとても重要だ、といった話も出てくるかもしれません。

　もし、それらのデータをすべて取れるとしても、今度は無限大に近いデータをコンピュータに入力し続けることになり、それではどれだけ高速なGPUとCPU、大容量のメモリを積んだスーパーコンピュータを用意しても、計算が終わらず、結果が出せないことになります。少なくとも、翌日の天気予報には間に合わないでしょう。

　そうすると、実時間では永遠に終わりません。したがって、どこ

[*23] 初期段階でほんのわずかな違いがあると、時間の経過とともに大きくその差が広がるというもの。カオス理論の代表的な性質。天気予報などは、短期予測であれば可能であっても、長期予報になると初期値鋭敏性などが影響し、予測が困難になるという考え。

かでデータを切らないといけない。これが「フレーム問題」と呼ばれているものです。

ディープラーニングは「データが多いほど精度が出せる」のは事実ではあっても、「扱える範囲内のデータで精度を出す」という言い方が正しいと思います。

◆ 同じ情報内（トイ・プロブレム）なら、人間はAIに負ける

「データの範囲をどこで切るか」というのは、実は人間のセンスの問題ともいえます。たとえば、一定の枠の範囲内でデータを受け取ったとき、つまり、与えられた情報量、データ量が人間とコンピュータ（AI）とで同じだったとすると、最近はほぼコンピュータが勝てる状況です。

将棋や囲碁がその典型です。これらのゲームの場合、盤面の外の情報は勝負に何の関係もありません。盤面の中だけの世界なので（トイ・プロブレム[*24]という）、この部分に関しては、人間もコンピュータも同じ情報量しかもちません。

その場合、盤面情報に対しては「ケニアの気温」が影響してくる可能性は「0％」です。このように「一定の範囲内における情報量」だけで競うのであれば、コンピュータが勝てます。

工場内での最終検査なども、「ケニアの天気や気温は関係ない」と考えられます。来店者の数をカウントする問題に関しても、その部分だけを見て「10人」のように数えているだけなので、AIで代替可能なのです。AIを使う場合には、そのようなフレームの切り分けを考えることが大事です。

[*24] Toy problemは「おもちゃの問題」のこと。ルールとゴールという枠組みが厳密に決まっているゲームのような問題なら初期のAIでも解くことができる、という意味で使われた。

データのふるい落としは「相関なし」を確認してから

　フレーム問題では、フレームを大きく取りすぎると、データ量が無限大になってうまくいかないと述べました。

　ただ、最初の問題設定をするときが重要です。というのは、フレーム問題を考えるあまり、「このデータは、目的とするものに関係なさそうだから捨てよう」と軽々しく即断して捨てるのは危険だ、という点です。

　一見すると、フレーム問題と矛盾しそうですが、最初はできるだけデータを取っておきます。

　たとえば、「部品の不良品の出現との相関性」を考えるとき、毎日の黄砂の量、1日前に床屋さんに行った工員の数、曜日などとの相関を調べます。そうして「やはり、床屋さんは関係ないな」と確認してから、データを捨てていきます。気づきにくい、意外な相関を見落とさないためです。

　他にも、2章で見た、28×28の画像の手書き数字「3」でも同様です。人間というのは、28×28のマス目（ピクセル）でも、20×20のマス目でも、数字を「3」と判断できます。ですから、「28×28の大きなデータは不要で、20×20のデータから学習させても精度は変わらないだろう」と考えてしまう傾向があります。

　しかし、大きなデータ（28×28）が用意できるのであれば、まずは大きめのデータから始めます。そして20×20でもうまくいったとき、はじめて28×28のデータを削除するようにします。

　それだけで、28×28の「784次元」から20×20の「400次元」に減るので、最初の段階から384次元分の計算をしなくて済み、計算量も減ります。それだけ、少ないコストで計算ができますので、AIを導入するときにも有利に働くのです。

人間がAIより凄いのは「コミュニケーション能力」

　医療の世界で、たとえばMRIの画像を見て診断するのも、その画像情報の範囲内だけであれば、人間の医師よりも"AIドクター"のほうが正しい判断、精度の高い判断ができるようになります。

　ただし、人間の医師はMRI画像だけでなく、患者さんとの会話、その表情などから感情の動きや心理状態を読み取れるため（画像以外の情報）、その段階でAIドクターが人間医師に負ける可能性も出てきます。

　ここでいえるのは、医者に限らず、さまざまな業務において、「対人コミュニケーション力」がますます重要になってくるだろう、ということです。AIドクター、AIトレーダー、AI気象予報士のような存在を考えた場合、AIと同じ土俵内の情報だけで勝負すると精度で負けてしまいそうですから、違うフィールドの情報をいかに集められるか、それを自分の中でどう処理するか、それが人間のパフォーマンスにとても影響するところです。

　ただ、AIも"会話"を始めていますし、完璧なQ&A集ができて、そのデータを全部AIに入力して学習させれば、AIのコミュニケーション能力の精度はさらによくなるかもしれません。

6 SaaS、PaaS、IaaSのどれを利用するか

　われわれAI企業が顧客に提供するAIシステムは通常、クラウドサービスとして提供します。一般的に、クラウドにはSaaS(サース)、PaaS（パース）、IaaS（アイアース／イアース）の3形態があります。略称だけではわかりにくいですが、これらは、

　　SaaS ＝ Software as a Service
　　　　　（ソフトウェアのサービスを受ける）
　　PaaS ＝ Platform as a Service
　　　　　（プラットホームのサービスを受ける）
　　IaaS ＝ Infrastructure as a Service
　　　　　（インフラのサービスを受ける）

という意味があります。昔の言い方で説明すれば、

　　SaaS＝アプリケーション
　　PaaS＝ミドルウェア

提供内容	IaaS	PaaS	SaaS
⑤アプリケーション			アプリケーションまで提供される
④ミドルウェア		ミドルウェアまで提供される	
③OS	OSまで提供される		
②ハードウェア			
①ネットワーク			

◆ SaaS、PaaS、IaaSでできること、できないこと

3章　AIの導入前に知っておきたいこと

IaaS＝OS、コンピュータ

のイメージで受け止めると、わかりやすいと思います。

　基本的にいちばん下がIaaSで、次がPaaS、その上にSaaSがあるという形です。

　SaaSに申し込んだ企業は、PaaSとIaaSの部分については触ることができませんが、その分、AI企業のほうで一括して面倒を見てくれることになりますから、顧客としてはPaaSやIaaSの部分について気にせず、業務に没頭できるメリットがあります。

SaaSがいちばんお手軽な導入方法

　技術力に自信がないけれど、AIを導入して業務を改善していきたいという場合、最初はSaaSを導入するのがいいでしょう。

　SaaSの場合、初めから業務に使えるソフトウェア（アプリ）がAI企業から用意されていますので、パッケージソフト（WordやExcel）を購入したのと同じ感覚で、すぐに使い始めることができます。オールインワンです。業務に合うソフトウェアがあれば、自社内に技術者がいなくても、AI導入は比較的スムーズで、効果も見込めます。

　たとえば小売・流通業で、店内に入って来られたお客様の人数カウントや年齢性別（属性）の推定、導線分析などは、その企業が事前にオリジナルデータをもっているか否かには関係なく（必要ない）導入できます。

　SaaSの代表的なサービスとしては、SalesforceのSales Cloudなどがあります。われわれABEJAが手がけているものでいえば、ABEJA InsightがSaaSです。小売・流通業向け（for Retail）、製造業向け（for Manufacture）、建設などインフラ向け（for Infrastructure）を用意しています。

PaaS、IaaSは自由度が高いが、自社内に技術者が必要

　PaaSというと、SalesforceのForce.com（フォースドットコム）や、Lightningなどのサービスが該当します。われわれは「ABEJA Platform」というサービスを提供しています。

　PaaSを導入する企業は、PaaSの機能を使いながら必要なアプリケーションを自前で開発することになります。もし、SaaSとして用意されているパッケージソフトでは満足できない、あるいは用意されていない、という場合にはPaaSを利用するとよいでしょう。

　たとえば、自社工場の商品検査のような場合は、それぞれの会社でつくっている製品・部品などが異なりますので、自社のデータを大量に用意して教師データをつくる必要があります。こうしたケースではSaaSではなく、PaaSの導入が必要です。

　PaaSを導入したいけれど、技術的に不安だという場合には、導入予定のAI企業に相談すればアシストしてもらえるはずです。なお、PaaS導入のプロセスについては、4章で詳細に説明します。

　IaaSを申し込んだ企業は、PaaSもSaaSもありませんから、自分たちですべてを構築する必要があります。有名なIaaSとしては、AmazonのAWS、マイクロソフト社のAzure、GoogleのGCPなどがあります。

　このSaaS、PaaS、IaaSの区分は、どのAI企業もほぼ同じような概念をもっています。このため、たとえばSaaSを契約された方は、アプリケーション以外の部分を気にせずに使うことができます。

 SaaSにも、業種別・職種別などさまざま

　SaaSを導入して具体的にどういうことができるかというと、

ABEJAの小売・流通業界向けのABEJA Insight for Retailでいえば、

①来店客数のカウント
②年齢・性別（属性）の識別
③棚前の滞在時間を計る
④リピート推定（再訪）

の4つが基本機能です。すべて学習済みモデルを開発済みですので、導入企業が教師データをつくる必要もありません。導入と同時に使っていただけます。ただ、SaaSはパッケージソフトですから、多くの場合、新たな機能の追加はできません。

また、SaaS製品としては、業種別（小売・流通業、製造業、建設業など）に特化した製品を提供しているケースもあれば、職種別（マーケティング向け、セールス向け、人事向け）などの製品ラインナップを提供しているケースもあります。

さまざまな種類のものがありますので、自社に合ったものを確認し、導入するようにしてください。

SaaSを選ぶか、PaaSを選ぶかで迷ったら

ところで、SaaSかPaaSかの選択に迷うケースがあります。

それは、たとえていえば「犬・猫」の区別でよいのか、あるいは「犬・猫」を区別した上で、さらに「マルチーズ・柴犬・秋田犬」のような犬種まで判定が必要なのか、ということです。

ビジネスに近い面でいえば、お客様の「年齢」や「性別」だけでいいのか、「年齢＋服の色」「性別＋帽子の着用」のような階層のデータまで必要か否か、ということです。

「犬・猫」の分類（1階層）でよいのならSaaSが自動的に分類し

◆ SaaSで直接取れるデータ、連係可能なデータの例（ABEJA）

てくれます。非常に安価ですので、SaaSを導入すべきです。それが、「犬の種類まで分類したい」「犬のケガをしている部位を見つけたい」のように2階層、3階層となってくると、カスタマイズが必要になってきます。こうなると、最初のSaaSモデルに追加するのはむずかしくなり、PaaSを選択して自由につくり込んだほうがよいでしょう。

また、SaaSで使ったデータをPaaSでは再利用できないことが多い、という点も知っておいたほうがよいでしょう。とくにSaaSはA社、PaaSはB社を採用した、といった場合にはデータの共用・流用はまず不可能と考えてください。

ただ、SaaSとPaaSを同じ会社で扱っている場合は、SaaSがPaaSのプラットホーム上に載っていることが多いので、いったんSaaSのほうにデータを入れておけば、PaaSでそのデータを再利用できます。

その辺も含め、自社では「犬・猫」の区別でいいのか、もっと深い階層まで必要なのかを確かめた上で、発注するAI企業に確認を取っておくことをお薦めします。

料金体系は月額制が中心

　SaaS、PaaS、IaaSについては月額料金制[*25]を取っている企業がほとんどです（ハード料金は別）。ですから、SaaSの利用企業は、その料金でアプリケーションの使用料からクラウドのコスト負担まで、すべてを賄っていることになります。

　SaaS製品は、一般的な業務に合わせてつくられているので、一般的に米国の企業はSaaSをうまく使って、業務プロセスをシステムに合わせ込むことが得意です。

　ところが、日本企業はAIに限らず、IT導入に際して自社の業務プロセスに合わせたカスタマイズを好む傾向があります。そうなるとPaaSを使うか、カスタマイズの効くSaaSを探して使うことになります。

[*25] ソフトウェアやシステムを、パッケージやダウンロードなど買い切り制ではなく、使用した分に応じた従量制の月額／年額で支払う料金制。最近は「サブスクリプション」と呼ぶことが多い。

Column

AI企業と顧客企業の間の権利関係は？

● いつ、どんな契約をする？

モグラくん：ふと思ったんですけど、ディープラーニング（AI）をサービスとして提供するAI企業と、そこに仕事を依頼する顧客があるでしょ。最終的にAIの導入が成功したとして、それって共同開発の形態ですよね、そうするとそのときの成果物って、誰のものになるの？　あ、もう一つ、契約はどういう形で進むんですか？

ミツバチさん：そのへんは確定していないけど、「AI・データ契約ガイドライン検討会」（経済産業省）という形で検討が進んでいるって、聞いたわね。

モグラくん：どういうものなんですか？

ミツバチさん：大きなポイントとしては、最後に一括契約するのではなく、フェーズを分けたほうがいいよ、と謳っている点ね。①アセスメント段階、②PoC（概念実証）段階、③開発段階、④追加学習段階という4つのフェーズです。

◆ フェーズごとに契約をしていく

モグラくん：その4つの段階って、どういうものですか？

ミツバチさん：アセスメント段階に関しては、まず、顧客がもっているデータをAI企業などが少し見せてもらう段階のことよ。秘密保持契約（NDA）からスタートします。データを見た上で、「できそうね」となれば、次のPoC段階（概念実証）です。このPoCがうまくいけば、ソフトウェア開発契約を結びましょう、となっているんだって。

モグラくん：そのあたりになると、企業ごとの個別性も出てきて、そのガイドラインの手順どおりには進まないってこともあるのでは？

ミツバチさん：そうね。たとえば、①アセスメントと②PoCの間に「ビジネスモデル検証」というのを入れるケースもあるそうよ。これは、AIを導入しても、その企業に利益を生まないようだったら（ROI：投資対効果）、PoCまで進める価値がないでしょ。そこでAI企業から、「導入はやめたほうがいい」とアドバイスすることもあるわけね。それにPaaS（プラットホーム）を用意しているAI企業の場合には、取引ごとにプラットホームをイチから開発することはないので、「ソフトウェア開発契約」も不要になるでしょ。

モグラくん：なるほど、SaaSやPaaSが用意してあるAI企業の場合は、特別な事情がない限り、新たなソフトウェア開発は不要ということですね。

ミツバチさん：そうです。最後の「追加学習段階」も同様で、半自動で提供するAI企業もあるそうなので、①〜④については、実情に合わせて少しずつ違ってくるわけね。

● 成果物の権利の帰属は？

モグラくん：では、最初に聞こうとした「成果物の権利の帰属」は？

ミツバチさん：一言でいうと、共同開発に使った、もともとのRAWデータ（生データ）は依頼企業のもの。そのデータに対して、どういうふうに教師データにしていくか（アノテーション[*26]）、どういうふうにモデルをつくるかに関しては、そのノウハウはAI企業側がすべてもっている。そういう判断だって。

モグラくん：そうはいっても、依頼企業側から「全部ちょうだい」と言われることもあるんじゃないですか？

ミツバチさん：そうね、でもそうなったら、AI企業は二度と開発ができないでしょ。だから「ノウハウは全部、AI企業に帰属している」とガイドラインにしっかり記されているんじゃないの。私ね、ちょっと内容を見たんだけど、「技術的な論点に踏み込んで書かないと、実用に耐えない」ということらしくて、内容は恐ろしくテクニカルだったわよ。

モグラくん：AIを導入しようと考えたら、ざっくりとでも「ガイドライン」に目を通しておかないといけないってことですね。

[*26] ここでは企業側が提供するRAWデータに対し、教師データを作成するために必要なタグ情報を付与すること。

4章

データ取得から
学習、デプロイ、運用まで
~AI導入のプロセスを知る~

1 AI導入のための5つのプロセス

　AIを導入・運用・実装するとき、どのようなプロセスがあるのか。各プロセスでは何をして、どのような問題が待ち構えているのか。SaaSの場合は、導入と同時に使えることが多いので、ここでは本格的なPaaSを導入するケースで、どんなプロセスがあり、そこで何をやるか、どんな問題点（むずかしいこと）があるかなどを順次見ていくことにしましょう。

「取得→蓄積→学習→デプロイ→運用」のプロセス

　PaaSを導入する場合、一般に下図のように大きく5つのプロセスがあります。

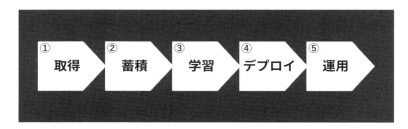

◆ AI導入（PaaS）の5つのプロセス

　SaaSであれば、すでに学習をしたモデルが提供されますが、PaaSの場合、自分でオリジナルモデルをつくりますので、自前のデータがないと始まりません。そこで、最初は自社内にカメラを設置する、センサーを取り付けるなどして、データを「①取得」し、「②

蓄積」し、次に「③学習」を経て、モデルを構築する、という流れになります。

ここで「④デプロイ」という見慣れない言葉が出てきていますが、これは準備段階のAIのシステムを本番で使用可能な状態にすることです。

そして「⑤運用」のフェーズに進むというのが、ディープラーニング・システムを導入・運用する全体のプロセスです。

なお、AI企業の場合、①データ取得～④デプロイの途中までしか受けもたないのが一般的です。一方、AmazonやGoogle、マイクロソフトなど大手IT企業が提供するPaaS、IaaSの場合は①～⑤の中で部分的にサービスを提供することが多く、別途全体をインテグレードする必要があります。

ですから、いっしょに仕事をするAI企業に対しては、事前にこの一連の流れの中で、「どこからどこまでを受けもってくれるのか」を必ず確認しておいてください。本当は最後の運用までアシストしてもらうのがいちばんよいと思います。

5つのプロセスが9のサブプロセスに分かれる

この「①取得→②蓄積→③学習→④デプロイ→⑤運用」の5段階のプロセスをさらに細かく分類したのが、次ページ図の右にある9つのサブプロセスです。

「❶データの取得→❷データの蓄積→❸データの確認→
❹教師データの作成→❺モデルの設計→❻学習→
❼デプロイ→❽推論→❾再学習」

この9つのサブプロセスを具体的に見ていくことにします。

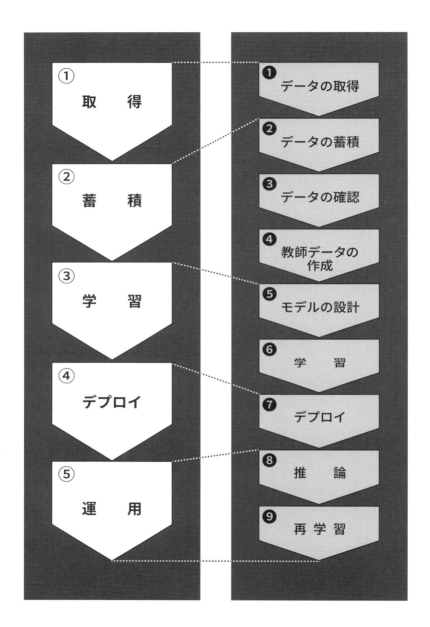

◆ 5つのプロセスと9つのサブプロセス

2 データを溜める、学習する

データの確認をする

まずは❶データを取得し、❷蓄積します。この場合、「どんなデータを取るか」が最も重要な点です。

たとえば、クルマの車種判定をしたければ、車種のデータがないと始まりません。ファッションの判定をしたければ、服の種類、デザイン、色柄、生地などのデータがないと判定できません。動物の判定をしたければ、当然、識別したいすべての種類の動物のデータが入力されていないと意味をなしません。

◆ ディープラーニングにかけるデータを集めておく

教師データをつくる

その後に、❸データの確認です。これは前にも述べましたが、意外に引っかかる企業が多いので、要注意です。

「このデータフォーマットで送ってください」と事前に細かく打ち合わせて確認をしておいても、なぜか違ったフォーマットでデー

タを送ってくるケースがあります。それは3章で述べたとおりです。

　異なるフォーマットのデータが送られてくると、どうなるか。データをすべて確認する作業が必要になります。AI企業にとっては時間のムダ、顧客側にとってはお金のムダになりますので、そうならないためにも、「データ確認」というプロセスが重要です。ここではデータフォーマットだけでなく、欠損データの確認も行ないます。

（1）データフォーマットの確認（たとえばUTF-8の文字コードのCSV形式のデータなど）

（2）データのクレンジング（データ欠損を補う、異常値の取り除き）

　その後に、❹教師データの作成です。データを取得し、溜めたデータは、ただ集めただけのことが多く、「この画像は犬だ」といったことすらわかりません。学習のフェーズでは「この画像は犬」「この画像は猫」「これはイルカ」と、人力でタグ付け（アノテーション）をした教師データを用意して、モデルを構築するための準備をしなければなりません。

　以前は本当に手入力だったのですが、ABEJAを含め、最近のAI企業の中には、比較的簡単にアノテーションするためのツールを用意する企業もあります。とはいえ、それでも大変な労力がかかりますので、ここはアルバイトを頼むなどの予算を見ておいたほうがよいでしょう。

◆　一つひとつタグ付けしていくアノテーション作業

◆ アノテーションの作業を効率化するツール（ABEJAの例）

モデルの設計をする

画像データを扱う場合はCNNがよく使われ、テキストデータや音声データ、時系列データのような系列データを扱う場合にはRNNがよく使われます。また、CSVなどに格納された表形式のデータを扱う場合は「全結合なニューラルネットワーク」[*27]がしばしば使われます。

じつは、一口にCNNといってもその実現方法はさまざまです。やや専門的になりますが、よく知られたネットワーク構成としては、VGG、Inception、ResNet、DenseNetなどがあり、それぞれニューラルネットワークの深さに応じて種類が異なります（VGG11, VGG13, VGG16, VGG19, ResNet18, ResNet34, ResNet50, ResNet101, ResNet152 など）。

さらに、ネットワークごとに計算量（メモリ使用量、実行速度）や精度が異なるため、要件に合わせて適切なネットワークを選ぶ必

[*27] Fully-connected Neural Network。ノード（ネットワークの分岐点、つなぎ目）とノードがすべてつながっているネットワーク。

要があります。計算量を優先させたいときにはSqueezeNetやMobileNetなどの計算効率に優れたネットワークも選択可能です。

このように、実運用まで見据えると、それぞれのネットワークの特性に対する知識と、運用時の要件との間のトレードオフを考える必要があります。もちろん自分でネットワークを設計することもできますが、ディープラーニングに関する深い理解を要する場合もあるので、まずは既存のネットワークを使うことをおすすめします。

また、学習する際には、ロス関数[*28]という学習の目標となる指標も決める必要があります。たいていの場合、Cross Entropy LossやMean Squared Errorなど、用途ごとによく使われるものを選んでおけば大丈夫なことが多いですが、これをうまく工夫することでより効率的に学習できることもあるので、隠れた腕の見せどころです。

学習する

❻学習するときも、100のデータをすべて「学習用」に入れてしまうことはありません。たとえば100の「犬・猫」の教師データをすべて使い、「これは猫」「これは犬」と覚え込ませても、そのモデルを実際の場で使ったとき、どの程度の精度が出るかわかりません。

そこで、溜めたデータのうちの70〜80％くらいのデータを使って学習させます。この学習段階では「これは猫」のように教えますが、間違って「犬」に流れた場合は、以前、説明した誤差逆伝播法（バックプロパゲーション）などの手法を使い、どんどんその誤差をもとに特徴量で自動修正をしていきます。

[*28] 正解と予測のズレを表現するもの。最適化したい対象（正解率など）と両立するようなものでなければならない。バックプロパゲーションは微分計算をベースにしているため、ロス関数は微分できるようなものである必要がある（たとえば識別の正解率は微分できないので、正解率の最大化を代替するロス関数が必要となり、その一例がCross Entropy Loss）。

◆ 学習用に70〜80%のデータを使い、残りは検証用に残しておく

なお、100のデータをほとんど学習用ばかりに使ってしまうと、その100のデータに特化しすぎた（合わせすぎた）モデルになる傾向があります。これを「過学習」と呼んでいます。データが限られている場合には、どの程度を学習用に、どの程度のデータを検証用に残すかを決めておく必要があります。ただ、データ数が少ないと過学習の疑いが高まります。

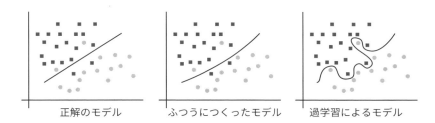

◆ 過学習に注意

そして、学習プロセスを終えたら、先ほど残しておいた20〜30％ほどのデータを使い、つくったディープラーニングのモデルをテストします。「犬」の写真を入力して正しく「犬」と判定する

かどうか、「猫」の写真を入力して「猫」と答えてくれるかどうか。

　その結果、たとえば97.83％くらいの精度（正解）が出たというときに、「このモデルなら実用レベルで使える」ということになるのです。どれくらいの精度が出れば使いものになるのかをあらかじめ確認しておくことが重要です。

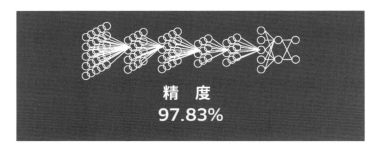

◆ 検証することで「精度」を確認できる

3 学習から推論へ

■ デプロイで本番システムに入れ込む

❶〜❻までは学習の説明でしたが、テストが済んだら本番環境へ移行させます。その作業が❼デプロイ[*29]です。これまでつくってきたモデルを本番のシステムに入れ込み、「入力→出力」のシステムを定義します。

実際、このあとに、本番として、❽推論をしていくとき、このシステムを運用していくための監視など、最低限の仕組みを事前に入れ込んでおく必要があるのです。それがデプロイというプロセスです。

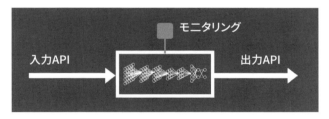

◆ 本番環境で使えるように「❼デプロイ」し、本番で「❽推論」する

[*29] 通常、「開発環境」から「ステージング環境」に入れて「本番環境」へという、3つくらいの環境をつくっておく。まず開発環境で開発し、それを本番とほぼ同等のステージング環境に入れてテストし、テストした結果を本番環境にコピーした形で展開をして、本番として動かす。このとき、まったく同じ環境をステージング環境、本番環境にもつくらないといけないが、それがむずかしい。コピーすればよさそうに見えるが、ミドルウェアと呼ばれるOS依存のシステムが大量にあるため、正確にはコピーできない。このため、開発環境では動いたのに、本番環境に移すと、なぜか動かないということになりがち。ふつうであれば一個一個サーバー設定をすることになり、非常に面倒な作業となる。ABEJA Platformではそれを自動化させ、ボタン一つでステージング環境、本番環境への移行を自動化させている。

再学習が必要になるケースも

こうして運用フェーズに移りますが、ディープラーニングだけでなく、「機械学習（マシンラーニング）」の場合には、継続的に❾再学習というプロセスが必要です。

❻学習で「犬」「猫」という教師データを使いましたが、実運用を始めて環境が変われば、そこから得られる現状のデータも変化する場合もあります。すると、最初に学習したデータと現状データとで乖離が起こります。これは時間が経過すればするほど、乖離が進む可能性が高まります。

そこで、あるタイミングになった時に、あらためてデータを取り直す、データを蓄積し直す、教師データをもう一度用意して学習し直す、という工程が必要になります。さらには、モデルの精度が落ちてくればモデルも思い切って変えてしまう、ということもあります。

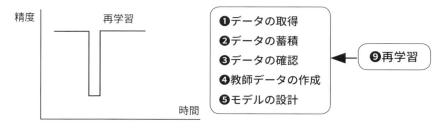

◆ 乖離が起きたら「❾再学習」する

4 知られざる「ディープラーニングの闇」

このようなディープラーニングのプロセスを進めていく中で、私はよく「ディープラーニングの闇」という言葉を使います。

要はAI導入・運用が失敗に陥りやすい、逆にいえばここをうまく克服すれば成功させられるポイントです。

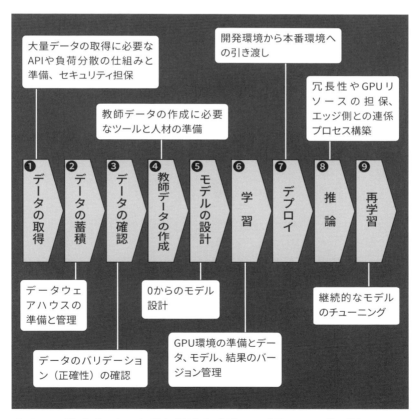

◆ 9つのサブプロセスに待ち受ける「ディープラーニングの闇」

❶データの取得では、とにかく大量のデータが必要です。このとき、APIや負荷分散の仕組みがないと、大量のデータが一度に送られてしまって、エラーが起きます。また、システムとして使っている以上、セキュリティの担保も必要です。

次の❷データの蓄積という観点では、データウェアハウス[*30]を用意して、テラ級、ペタ級のどんなに巨大なデータであっても溜められる状況をつくっておく必要があります。

次が❸データの確認で、すでに述べたように、データフォーマットの正確性の確認です。「こういうデータを送ってください」と事前に打合せをしておきますが、入力の部分でフォーマット形式が違うものが来ると、たとえば画像でJPEG形式の予定だったものがPNG形式で来るとか、画素数もある範囲内で合っていないと、出力がむずかしくなります。

手入力のタグ付けは人海戦術

❹教師データの作成では、アノテーションと呼ばれる、手入力で「タグ付け」作業を行ないますが、ディープラーニングの場合にはそれこそ1万枚とか2万枚など、かなりの枚数が必要です。そうすると、教師データの作成のための人集め（海外含む）も必要ですし、作業を効率化するためのツールがないと大変厳しいことになります。PaaSを導入しようとする企業の場合、社内で手入力でタグ付けをしようとして行き詰まったり、諦めたりするケースもあります。

アノテーションのアシストツールを開発しているAI企業もありますので、誰が入力するのか（別に入力部隊がいるのか）、外注するときはその予算を取ってあるか、アシストツールはあるのか。その

[*30] Data Warehouse。DWHと略される。日本語では「データ倉庫」「データ保管庫」などと呼ぶことが多い。大量のデータ、データベースを保存するための装置やシステムを指す。

辺のことはAI企業を選択するときの判断材料の一つになりますので、きちんと確認しておいたほうがよいでしょう。そうでないと、高給取りのエンジニアがカチカチと一人でタグ付け作業をすることになります。

また、アノテーションの精度も重要です。アノテーションを頼りにモデルを学習させることになるため、アノテーションが正しくないとモデルの精度は高くなりません。アノテーションはAIの自動化イメージとはほど遠いアナログの人海戦術の世界です。しかし、越えなければならない剣ヶ峰でもあります。

AIの知見が欲しい「モデル設計」

次に、❺モデルの設計ですが、ここはかなり専門的な人材を必要とします。「こういうケースなら、4層か5層のニューラルネットワークを使えばいい」とか、「もっと複雑なものを使うほうがいい」と判断できるような人材がいない限り、イチからモデル設計をするのは、相当ハードな話になります。

❻学習も同様です。前に申し上げたGPUの環境の準備、仮想化、分散など、それぞれ技術的な話ですが、これらができるかどうか。

また、どのデータと、どのモデルを使ってどういう結果が出てきたかということを、すべてバージョンごとに管理する必要があります。どのデータで試したとき、どうなったかが不明になると、データ量が大きいだけにカオス状態に陥ります。

デプロイで本番環境へ移行できるか？

❼デプロイは、学習から推論に引き渡していくフェーズです。そういうと簡単そうですが、実は、環境の異なる本番環境に、学習の

フェーズでつくったモデルだけを引き渡す作業は、技術的にかなり高度です。

　なお、最終的に❽推論していく場合には、冗長性やGPUリソースの担保の問題があります。また、クラウドでなくエッジ側（現場）で動かす場合には、どのようにしてエッジ側にそのシステムをもっていくのかという連係も課題です。

　「冗長性の担保」というのは、予備システムのことです。一つの推論システムだけで動かしていると、何らかの不具合で止まったときに困ります。最低限、二つの推論システムを同時に運用するということです。

　GPUのリソースも推論用に確保できていなければ問題です。エッジ側に推論システムを置く場合、常にクラウド側から運用状況を監視しておく必要があります。検査などの推論システムが止まると、たとえば工場の製造ラインも止めざるを得ず、そうすると１時間で数億円の損失になる、といったケースも珍しくありません。それらをきちんと監視する必要があります。

　❾再学習のプロセスに関しても、環境の変化で精度が下がってしまうおそれがあるので、どのタイミングで再学習を行なうのか、この辺もむずかしい判断が求められます。ただ、再学習を行なう場合でも、バージョン管理が正しくできていないと❾再学習の方針を決めることができません。ですから、このバージョン管理は後の工程にも影響を及ぼす大事な作業です。

　「ディープラーニングの闇」ということで、少し脅すようなことも書きましたが、PaaS導入を考える企業の場合、これらの５つのプロセス、９のサブプロセスへの対応を事前によく考えて進めてください。

Column

ディープラーニングの機能は
クラウド？　現場？

モグラくん：ディープラーニングの機能をもったコンピュータって、ふつうはどこに置いてあるんですか？

ミツバチさん：ふつうはクラウド側に置いてあるわよ。ただ、クラウドだと、通信回線を使うので、どんな高速な専用回線を使っても、ゼロ・コンマ何秒という、わずかなタイムラグが生じてしまうんだって。そのため、瞬間的なコントロールが必要なケース、たとえば工場の何らかの判断業務（検査）では、その遅れが致命的になるケースもあるらしいわよ。前のページでも、そういう話があったわね。

モグラくん：ラインが止まると大変ということでしたね。その場合は、どうするの？

ミツバチさん：思い切って、ディープラーニングの機能をクラウドではなく、エッジ側（現場）の機械の中に置くこともあるそうよ。

モグラくん：そうか、ゼロ・コンマ何秒のためにエッジに置くということですね。ちなみに、どういう装置をエッジ側に置くんですか？

ミツバチさん：たとえばJetson（ジェットソン）という小型スパコンみたいな装置があるそうよ。これはGPUで有名な米国のNVIDIA（エヌビディア）が販売しているもので、エッジ側に置ける小型のコンピュータよ。ただ、Jetsonでは大きなモデルは使いにくいので、そのときはサーバマシンやスパコンをエッジ側に置くこともできると聞いているわ。

モグラくん：だったら、ディープラーニングの機能をもったコンピュータは、クラウド側に置かなくてもいいんじゃないですか？

ミツバチさん：そう一概には言えないのよ。たとえば、アプリの更新やマシンの保守管理なども考えると、クラウド側にディープラーニングの機能を置いておいたほうが運用がラクなのよ。それに、エッジ側に置いてあると、ホントにうまく動いているかどうかがAI企業としてはわかりにくいけれど、クラウド側にあれば点検がしやすいという面があるそうよ。

モグラくん：そうか、ケースバイケースということですね。工場のロボット制御でゼロ・コンマ何秒のタイムラグが致命的だというならエッジ側に置けばいいけれど、そこまでのリアルタイム性を求めないなら、安定した運用という意味ではクラウド側に置いておいたほうが無難かも……ということですね。

5章

AIを導入した企業の
ビフォー&アフター

1 「なぜ買わなかったのか？」をファクト・データでつかむ

　この章では、実際にAI導入を積極的に進めている4社の実践例（実証実験）を見ながら、AI導入の動機、導入方法、効果などをご紹介していきます。

　最初に申し上げておくと、「AIが流行っているので、導入してみようか」と考えて導入した企業は1社もない、ということです。あくまでも最初に自社の果たすべき経営課題があり、それを知る、クリアするための一つの手段としてAIやIoTを導入する、というスタンスが重要だと思います。

◆ 初めはAIシステムがまったく売れなかった……

　さて、私は日本に帰った2012年9月、すぐにディープラーニング技術を主軸とするAIベンチャーであるABEJAを起業し、寝食を忘れてAIシステムづくりに没頭しました。なぜなら、「日本の産業は、AIで一気に変わる」と信じていたからです。そうして生まれたのがコア技術である「ABEJA Platform」です。このシステムはPaaS[*31]であり、多角的にさまざまな業種の経営課題が解決できるプラットフォームです。

[*31] 前章でも説明したように、具体的なAIアプリ（顧客の属性、導線分析など）を最初から備えたものがSaaS（Software as a Service）、つまり「ソフトウェア（アプリケーション）でのサービス」であるのに対し、もう少しオリジナルな解析まで行なう場合に利用するのがPaaS（プラットホームでのサービス）。SaaSよりも自由度が高いが、その分、導入のハードルは高くなる。

こうしてABEJA Platformを開発し、自信をもって多くの企業に販売攻勢をかけてみたものの、どの企業も感触が芳しくなく、まともに取り合ってくれません。ディープラーニングという技術が日本にまだ普及しておらず、かつ具体的な活用事例が共有できなかったことが理由だと思います。

途方に暮れ、ふと立ち寄ったコンビニで店員さんがレジを打っているのを見かけ、突然、「！」とひらめいたのです。「そうだ、小売・流通業があるじゃないか！」と。

コンビニをはじめ多くの小売店では、POSシステムを使い、レジで購買につながったお客様の人数、商品名、個数、売上などのデータを把握していました。けれども、来店したお客様の人数がわからなかったり（購買率が不明）、購入者の年代層もわからない。POSレジ[*32]では、お客様の顔を見ながら「10代、20代、30代……」のように見た目で推測しているにすぎませんから、小売店で取っているPOSデータは、本来なら最も大切な購入客の属性さえ、正確ではなかったのです。

そこで、小売・流通業界に特化したSaaS[*33]型のシステム「ABEJA Insight for Retail（アベジャ・インサイト・フォー・リテール）」を開発しました。このシステムはSaaSですから、具体的なAIアプリケーションを提供でき、導入後、どの企業もすぐに使い始めることができます。

[*32] コンビニやスーパーでは、店員さんがPOSレジスタを使い、「商品、数量、金額」などを入力している。その際、「購入客の年齢、性別」などの属性データも打ち込み、そのデータを分析したり、販売戦略に役立てようとしているが、肝心の年齢に関しては、見た目で「50代かな」と推測して打ち込んでいるのが実情。だから、購入金額・数量などは正しく入力できても、「どんなお客様が買ったのか」というお客様の属性については、不正確なデータといえる。

[*33] インターネット経由（クラウド）で、ユーザーが必要なアプリケーションの機能を提供するサービス。パッケージソフトを購入してインストールする形態ではなく、月単位、年単位での契約のため価格的にもリーズナブルで、初期投資しやすい。

なぜ、お客様は買わなかったのか？

そこで、「もし、ABEJAのシステムを使ってもらえれば、来店客数、来店客の導線、購入客の年齢や性別まで正確にわかるから、必ず需要がある」と感じ、小売・流通業から参入していけると思ったのです。たとえば、

・購買率……店内に入ったお客様のうち購入に至った割合（なぜ、先月に比べて増えたのか、減ったのか、他店に比べてどうか、を考えるファクト・データが入手できる）
・導線………各棚での滞留時間、店内をどう動いたか（回遊）、商品を手にとったかどうか
・来店者の年齢・性別……その商品の購入ターゲットとして想定していた年齢層、性別かどうか

などが正確にわかります。

つまり、「なぜ、お客様は買わなかったのか」を考えるためのファクト・データを入手できる、ということです。

いま、小売・流通業は大きな環境変化を迎えています。一つには生産年齢人口の減少です。働き手が減る時代、小売・流通業はこの課題にどう対応するのか。

２つ目はEC（Electronic Commerce）化の進行です。EC（Eコマース）、わかりやすくいえばネット通販の世界では、お客様がどのページにアクセスして、どこをクリックして、その結果、何を購入した、あるいは購入しなかったといった顧客の行動がファクト・データとして把握できます。

Webサイトを訪れた訪問客が、Webサイトの管理者が期待する成約行動を取るなどして、「顧客」に変わることをコンバージョン（Conversion）といいます。これは、実際の購入だけでなく、資料

請求のボタンをクリックするといった行動も含まれます。また、訪問客がコンバージョンする割合をCV率とかCVR（Conversion Rate）と呼び、Webマーケティングでは重要な基本指標として注目されます。CVRが注目されるのは、業績の向上のためには、購入した顧客よりも、購入しなかった訪問客をいかにして購買客に変容させるか、が重要となるからです。

このような、Webマーケティングでは常識的な施策も、リアル店舗では分析しようにも、従来はファクト・データが取れませんでした。それがAIを利用することで、ファクト・データを分析して「お客様はなぜ買わなかったのか」「買わなかったお客様に買っていただくにはどうすればよいのか」という仮説を立て、それを検証することが可能になったのです。

この観点をこの章ではぜひ、ご紹介したいと思っています。

本章では、小売・流通業（ICI石井スポーツ、パルコ）、製造業（武蔵精密工業）、建設機械業（コマツ）という4社の事例を示し、実際にどのようにしてAIでファクト・データ[*34]を取り、各産業にイノベーションを引き起こしているのかを見ていくことにしましょう。

[*34] 誤解されることが多いが、お客様を撮影した画像の生データ（RAWデータ）は、生データから抽出した属性データ（特徴量データ）のみを保存し、プライバシー保護の観点からすぐに生データは破棄している。よって、ABEJA Insight for Retailの場合も、お客様の元画像データ（生データ）はクラウドにもエッジにも残っていない。

2 経験とカンを数字とデータが実証
〜ICI石井スポーツ〜

 ファクト・データで議論できていない！

　ICI石井スポーツさん（東京都新宿区）は、1964年創業の登山靴の製造販売の老舗として知られ、2018年8月現在はスキー用品、登山用品の専門店として32の店舗を全国展開されています。

　同社執行役員の川村尚弘さんによれば、「経験とカンだけでなく、数字に基づく議論・経営が必要」と感じ、「その課題をABEJAとの取り組みを通じて解決できないか」と考えておられたようです。

　先ほどのPOSデータの例でもわかるように、実際の来店客数、導線（回遊）、お客様の属性がわからなければ、「なぜ売れなかったのか」「自社のメインの顧客はどういう層なのか」などの重要な課題について、「数字の根拠（エビデンス）」に基づいて検討したり仮説を立てることが望めません。曖昧なままです。

　ICI石井スポーツさんでも、従来は社内にさまざまな相反する意見があったといいます。たとえば、「ウチの常連のお客様は、昔から○歳台だ。そこにもっと深くフォーカスすべき」という意見もあれば、「いや、従来の層に拘泥せず、これまで取り込めなかった新しい顧客層も取り込む施策が必要」という意見もある、といった具合です。

　このような議論はICI石井スポーツさんに限らず、どの企業でもよく見られます。問題はどちらの施策を採ったほうが効率性が高まるのか、売上がアップするのか。

　それがこれまでは経験やカンにもとづいて言い争うだけで、「数

字の裏付け」「ファクト・データ」で議論できていなかったわけです。また、それを実証してみたくても、POSデータでは「レジでの購買後」のデータしか取れない現実がありました。

　そこでICI石井スポーツさんには、ディープラーニングを活用した「小売・流通業向け店舗分析ツール」であるABEJA Insight for Retail（SaaS）を導入してもらいました。この導入によって、①来店人数、②年齢・性別の推定（属性）、③導線分析の３つのアプリケーション・ツールが使えるようになります。また、①〜③の解析結果および既存データと連係させた解析結果をわかりやすいユーザー・インターフェースで表示するダッシュボードも提供しています。

◆ はじめに、データありき

　最初に取りかかるのは、データの入手です。具体的には「来店者数」を計測することが必要です。そこでICI石井スポーツさんの場合、カメラを店舗の入口付近に数台取り付け、お客様が店内に入って来られたと同時にカウント（人数）し、画像認識で「年齢・性別（属性データ）」を解析します。この年齢・性別推定には膨大な顔画像で学習をしたディープラーニングの技術が使われています。また、「回遊時間」などもカメラからデータを取ります。

　その後、お客様がレジへ向かい、購入につながれば「購買率（来店者のうち何％の人が購入したか）」のデータも算出できます。

◆ 仮説と実験（１）――店内を見えやすくしてみた

　では、ICI石井スポーツさんによるAI導入の実際を見ていきましょう。まず、これまでとは異なるお客様の取り込みによって、売上は明瞭にアップするのか否か、という点です。

ICI石井スポーツさんの店構えには、商業施設内のテナントでありながら壁面がとても高く、店内の様子が外からは見えにくいという特徴がありました。

　そのため、「店の中がもっと見えるようになれば、売上も上がるのではないか？」という意見が以前からあったのですが、「ウチの店はアウトドア派中心の目的買いなので、中がよく見えなくても売上は取れるはず」という理由で壁は高いままとなっていました。本当にそうなのか、この高い壁を取り払った場合、これまでとは異なる客層の集客につながるのではないか、それを検証してみました。

　仮説1として、「目的買いの多い店だから、壁の高さは売上にほとんど影響しない」と考えます。この仮説が正しいかどうか。そこで1店舗を実験店舗として選び、壁を低くして店舗内がよく見える形にしてみました。さらに、そのよく見える場所には若者に人気のあるTHE NORTH FACE（ザ・ノース・フェイス）を置き、彼らを呼び込む商品（フック商品）として陳列してみたのです。

　まず第一の変化として、通路を通る人からの認知度がアップし、お客様の来店数、そしてフックコーナーへの立ち寄り率が大幅に増えたことがあげられます。

　その状況をグラフ（右ページ）で見ていただくと、店舗内の見える化に伴い、フックコーナーへの立ち寄り率が大きく増大しています。同時に、思わぬ副次的効果もありました。店内の回遊時間が増えたためか、フック商品以外の売上もフックに負けずにアップしたことです。

　このような「ついで買い」の増大も手伝って、前年比で10ポイント〜15ポイント増という、目に見える売上改善をはたしています。このことから、「壁の高さを低くしたことで、①新規顧客層を店内に取り込めたこと、②10ポイント以上の売上アップがあったこと」がデータからも明らかになりました。

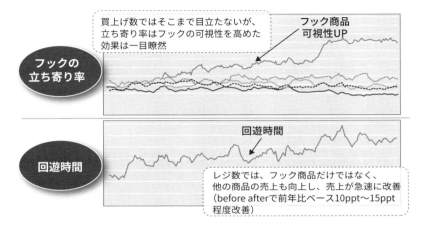

◆ 店舗内の見通しをよくしたタウンユース需要の取り込みの実験結果

仮説と実験（2）——店内レイアウトを変更してみた

　次に、お客様にできるだけ店内を歩いてもらう（回遊）ための「売場づくりの実験」です。回遊時間を長くすることで、衝動買い、ついで買いの促進も狙います。そこでザックやウェアなど、ICI石井スポーツさんのマグネット商品[*35]を中心に、店内のレイアウトを大きく変更してみました。

　次ページの図でわかるように、3つあったマグネット・コーナーのうち、一つは変更せず、残り2つの位置を手前から奥に替えてみることにしました。すると、変更前の回遊率[*36]は5.7％、7.1％だっ

[*35] 小売・流通業で「マグネット商品」というと、「磁石（マグネット）で引き寄せるように、お客様を店に吸い寄せる商品」という意味で使われる。目玉商品、特売商品。このマグネット商品をどこに配置するかが、販売戦略の上で重要といわれる。自店でのマグネット商品が何かは、POS分析の販売個数などでわかる。また、このマグネット商品とペアで買われる商品（バスケット商品）を近くに置き、併売することも多い。

[*36] もともとはWebマーケティング用語。「1人のユーザーが同一サイト内をどのくらい閲覧したか」を示す度合のことで、回遊率が高いほどさまざまなページを見たことになり、購買につながりやすい。ICI石井スポーツさんの場合はネットショップではなく、リアルショップの例だが、ネットショップとの比較も兼ねて、同じ「回遊率」という言葉を使っ（→）

たものが、変更後は9.5%、12.5%へとそれぞれ3.8ポイント、5.4ポイント上昇しています。しかも、店内の奥に置いたことで途中のコーナーに寄り道して「ついで買い」するお客様も増え、売上も上がった（商品は以前と同じ）という結果が出ています。「どこに何を置くと、販売効率が上がるか」という貴重なデータが取れたのです。

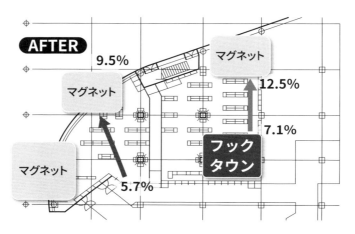

◆ マグネット商品のレイアウト替えの効果

なお、エリアによるお客様の特性も確認できました。たとえば、東京・立川のように若い人が多く住んでいる地域では、本格的山歩きというよりも、街の中でも着られるタウンユースのアウトドア商品が購買のフックになります。先ほどのTHE NORTH FACEの商品も、ふつうの若者が「お、いいな」と店に押し寄せ、入店率も購買率も上がりました。

従来の山歩き派の人々の購入パターンに関しても、知見を得ることができました。本格的な登山用リュックなどを求めて来る人は、予期したとおりリュック売場に直行し、レジへ向かう傾向を確認で

(→)ている。他にも関連するものとして、直帰率、離脱率、滞在時間などがある。ネットでは当たり前に取れる指標がAIによってリアルショップでも取れるようになったことが大きい。

きたのです。やはり「目的買い」だったようです。

　そうすると、いっそのこと、登山用コーナーを店舗のいちばん奥に配置し、そのそばに関連グッズを並べて「ついで買い」を狙う。あるいは、奥のコーナーからレジまでの間にできるだけ店内を回遊してもらえるように商品を配置し、さらに購買につなげるという施策も考えられます。ファクト・データをもとにしてマーチャンダイジング施策の検討や立案が進むようになったのです。

ファクト・データとPOSデータの関連は？

　下の図で、白い○印（「POS」と書かれている）のところは、POSを中心にしたデータです。レジで集めたPOSデータの場合、売れた商品、販売時刻、店舗名、数量、価格などは正確にバーコードで読み取れます。ただ、それを購入したお客様の年齢性別推定（属性）は、店員さんの推定でしかありませんでした。そのため、これらのデータは入力されてはいるけれども、必ずしも正確なデータとはいえません。

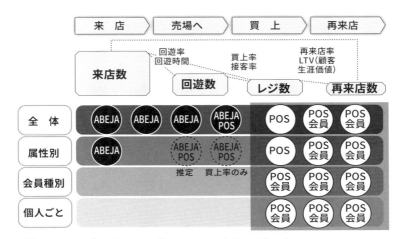

◆ 従来のPOSデータとAIで集めるファクト・データ

前ページ図の黒い●印（「ABEJA」と書かれている）の部分はABEJA Insight for Retailで取ったお客様に関するファクト・データです。いわば、お客様が来店されてからレジに向かうまでの「前半部分のデータ」に相当し、これまでPOSデータ（いわば「後半部分のデータ」）では取れなかったものです。カメラを活用し、来店人数や回遊時間、回遊場所を自動取得し、ディープラーニングによる画像認識でお客様の年齢、性別などの属性データを解析します。

　どの企業でも同じですが、最初に「何がしたいか、知りたいか」が明瞭であれば、次に「では、どんなデータを集めなければいけないのか」が決まります。そのためにどんなツールが必要か（POSレジ、AIツールなど）、データを取ってみての課題（POSデータとAIデータとのAPI連係など）も見えてきます。

　このケースでも、ICI石井スポーツさんが求めているデータが重要であって、われわれABEJAが提供できるデータがそれとマッチングしているかどうか。AI導入の際、それを見極めることも重要なポイントとなります。

◆ 会社の「変革」にまでつなげていく

　今回のICI石井スポーツさんの事例では、一つひとつのデータの裏付けを得ることで仮説を立て、比較・検証できたことは、きわめて大きな意義があったと思います。ファクト・データがあってこそ、異なる意見・見解があっても、お互いに「経験・カン」だけに頼ることなく、データに即した議論ができ、販売戦略を立てていくことができるからです。あとは精度を上げるため、顧客データをどんどん溜めていくことです。

　次ページの図は、社内の課題を発見し、解決し、会社を変革していくプロセスをモデル化したものです。まずAIを導入してファクト・

◆ 何が課題かがわかれば「5つのステップ」で変革していく

データを取ってみた結果、それまでの仮説（思い込み）と現状認識が違っていた、ということもよくあります。仮説が違っていれば、「どう改善していくか」と現実的な施策に落とし込み、それを検証していきます。このプロセスを何度も何度も回していくことで、最後は「変革」にまでつなげていくのです。

お客様はどの時点で購入を諦めたのか？

最後に、今後、リアルショップでとくに重要となる「Eコマースの手法」を一つだけ見ておくことにしましょう。

たとえば、お客様がせっかく店に入ってきてくれたのに、何も買わずに帰ったとします。それはなぜなのか。われわれはその理由を「離脱率」という指標をもとに、次のようにポイントを絞り込んで考えていきます。

次ページの図は、10人の来店に対し2人の購買があった（購買率20％、離脱率80％）というケースです。この8人のお客様はなぜ（どの時点で）買うのをやめたのか。

まず、お客様が店員さんによって説明を受けたけれど、その説明が十分でなかったために購入に至らなかったというケース（図では

30％の脱落)。あるいは、お客様にとって商品の配置がわかりにくく目的の商品を探すのを諦めたというケース（20％の脱落)。さらには、お客様の求める商品がたまたま在庫切れで、欲しかったけれど買えずに帰った（20％の脱落)……。

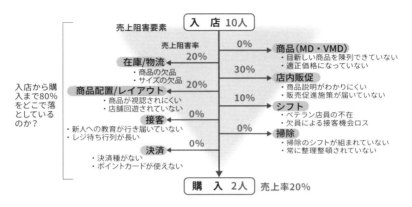

◆ 離脱率の情報から「買わなかったお客様」の分析をする

　導線データなどをもとにこのような分岐を描いてみると、お客様がどの時点で買うのをやめたか、そのヒントを得ることができます。このような形で進めると[*37]、「なぜ買わなかったのか」を考える場合でも、それぞれの分岐点をもとに頭を整理し、議論することができます。

ネット通販の知識をリアルショップに導入する

　リアルショップを中心に展開している企業の場合、ネット通販で併売してもなかなかうまくいかないものです。なぜなら、ネット通

---

*37 このような形でデータを入手したいのであれば、ABEJAの場合ならInsight for Retail（SaaS）で十分。SaaS商品であれば、導入コスト、運営コストもそれほどかからない。カメラは１店舗あたり３〜４台くらいを設置することになる。複数の商品棚を撮りたい場合には、その棚の数だけカメラが必要となる。

販をきちんと運用していくためには、IT系の知識・経験に加え、マーケティングの素養もあわせ持った二刀流の社員が必要となるからです。しかし、その二つを持つ人材はきわめて稀です。

　ICI石井スポーツさんの場合、今回のプロジェクトのリーダーになっていただいた川村さんが経営コンサルタント出身の方で、データ解析からのロジカルな戦略策定などのご経験が豊富であったため、AIシステムの活用もスムーズにできたのかもしれません。

　さて、Eコマース、ネット通販の世界では、顧客の住所、年齢、購入履歴、サイト内の閲覧履歴などが当然のように記録・蓄積されています。これに対し、リアルショップでは、購入してくれたお客様の売上情報以外、つまり来店されたお客様全般に関して何もわかっていない、データさえ残っていない、それが現状です。

　Eコマースのデジタルマーケティング手法は「現在のビジネスにおける世界標準」ともいえるものです。そのことをわれわれは日々、実感しています。しかし、これまでリアルショップの世界でのみ生きてこられた人の場合、なかなかそこを理解していただけません。

　だからこそ、リアルショップ側でもファクト・データでお客様の属性をつかみ、現在、Eコマースでやっているデータ分析と同レベルで分析することが求められているのです。われわれはAIがそのためのお手伝いをできるのではないか、と考えています。

会社の方向を変えるAI

　ここで、ICI石井スポーツさんに新しい動きが起こりました。会社の方向を変える大きな動きです。

　ICI石井スポーツさんでは、今回のAI導入の効果・分析にとどまらず、さらに同社に対するイメージ調査も実施したといいます。その結果、同社で長く議論の対象となっていた「ウチの常連のお客様

は、昔から〇歳台の人たちだ。そこにもっとフォーカスすべき」VS「いや、従来の顧客層に拘泥せず、これまでなかなか取り込めてこなかった新しい顧客層を取り込む施策こそ必要だ」という議論に、一つの終止符が打たれたのです。会社として、「新しい顧客層を開拓していく」という方針の正式決定です。

これには、ファクト・データをもとに幹部社員同士が何度も熱くディスカッションを行なったという経緯があります。その結果、店外への積極的PRをすることで新規顧客獲得が可能だと認識したこと、また、これまでは若い層やマウンテンスポーツ（登山・スキー・トレイルランニングなど）の初心者（タウンユースを含む）に対して自社サービスが不十分だった、という深い反省が込められています。

このようにAI導入とその実績をもとに社員の意識も一新したこともあり、2018年10月1日より、ICI石井スポーツさんでは新たなブランドネーム「Mt.石井スポーツ」に変更し、下図のようにロゴの統一もはかることになりました（新潟店では8月31日より）。

この新ブランドネームとロゴ統一のもと、接客、商品の品揃え、店づくりなど、あらゆる側面において「新規・若者・初心者層」のお客様の開拓を中心に考えていこう、という方針が徹底されつつあります。

AIの導入を契機に、それまでの経験やカンで言い争うところから「数字の裏付け」で議論するようになり、さらに会社の進むべき方向性、事業戦略まで変わり始めているのです。

3 4つのデジタル化を目指す ～パルコ～

　次に、同じ小売・流通業ですが、「店舗」というよりも、「ショッピングセンター」全体へのAI活用事例としてパルコさん（東京都豊島区）のケースをご紹介します。

　パルコさんは日本全国に17の「PARCO」と中小型商業施設「ZERO GATE」を展開されています。ショッピングセンター（以下SC）を運営する立場として、どのようにデータを活用しているのか、どんな課題があるのでしょうか。

 ショップの改善ポイントを見つけていく

　SCを運営する企業の場合、入店人数や各テナントの売上高は以前から把握されていることが多いものです。けれども、それは「入店」の次にいきなり「購買（レジデータ）」が来るようなものです。その中間段階である「入店後、お客様がどのテナントからどのテナントにどう動いたか、どのテナントの中をどう歩き、どの棚でどの商品を手に取ったか、最終的に買上げにつながったか」など、いちばん知りたいお客様の細かな顧客行動がわかりません。

　その重要な部分を埋めるべく、上野のPARCO_ya（パルコヤ）[*38]さんが新規オープン（2017年11月）する際、ABEJA Insight for

---

[*38] 2017年11月4日に新規オープンした東京・上野の店には「PARCO_ya」という名前がついている。これは隣接する松坂屋の屋号の「屋」を付けたことや、下町では花火などで「～屋」という呼び声をすることも考慮したという。お客様の年齢層は、他のPARCOよりも幅広い層を想定している。最先端技術（開店当初のロボットによる案内、AIシステム）を導入したPARCOの最新型店舗となっている。

Retailを導入していただくことになりました。同館内に入居されたほとんどのテナントに2種類のカメラを設置しています。1台目のカメラが各テナントへの来店客数をカウントし、2台目が画像認識によって、お客様の年齢性別（属性）を推定しています。

◾ 解析データをショップの売上につなげる方策

　PARCO_yaさんでは、こうして得た解析データをテナントに戻し、各テナント内でのお客様の人数、年齢性別、店内での動き方などを確認してもらい、販売施策につなげています。

　パルコ執行役・グループICT戦略室担当の林直孝さんはデータの使い方について、「各テナントさんには、高い買上率のときはどのような商品の見せ方を行なっていたかを思い出して欲しい。逆に、買上率が悪いときはスタッフ数が足りていたかを再確認して欲しい」と、各テナントにお伝えしているとのことです。データを集め、そのデータを共有するだけでなく、データの読み方・対策の立て方までしっかりとアドバイスされていることになります。

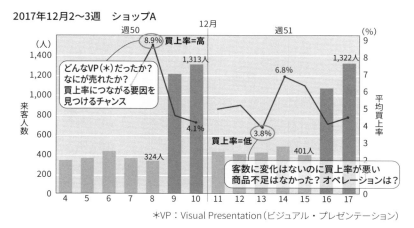

◆ 買上率の著しい変化から、その理由・対策を考えていく

4つのデジタル化を目指す

　データを駆使し、変貌を遂げつつあるリアルショップに対し、いま、ネットショップ側からの新たな動きが始まっています。その代表がAmazon Goです。

　これはアマゾンが実験的に始めた決済自動型のコンビニ店で、2018年1月22日、アメリカのシアトルに無人のリアルショップをオープン（実験段階）し、一躍、脚光を浴びる存在となりました。

　Amazon Goでは、お客様が入り口でスマホをかざし、カゴに商品を入れると、購入品（カゴに入れた商品）がスマホに自動的に表示されて決済され、レジでの支払いも不要です。その背景にはもちろん、カメラによる本人確認・商品確認の技術（ディープラーニング）が使われています。必ずしも「無人コンビニ」というわけではなく、スタッフは商品説明などのフォローに回っていたりします。

　このようにますますデジタル化し、変わりつつある小売・流通業界において、パルコさんは今後、どのような方向を目指すのか。それについて、林さんは「4つのデジタル化」というビジョンを提示します。

　①接客のデジタル化
　②リアルの行動・行動要因のデジタル化
　③体験のデジタル化
　④商品・在庫のデジタル化

　1番目の「接客のデジタル化」とは何でしょうか。現在、池袋PARCOに行くと、スマートスピーカーとして有名なAmazon Echo（アマゾン・エコー）が店内の案内役をはたしています。お客様が

◆ パルコさんの目指す「4つのデジタル化」

COPYRIGHT ©2018 PARCO CO.,LTD. ALL RIGHTS RESERVED.

　Echoに向かって、「アレクサ（Echoに付けられた名前）」と声をかけ、「子ども服はどこで取り扱っているの？」と尋ねると、アレクサが質問に答えてくれます。これが「接客のデジタル化」の一例です。ロボットにできることはロボットに任せておく、人はロボットにできない、もっと高度な接客を心がけていこうということでしょう。

　2番目の「リアルな行動・行動要因のデジタル化」とは、まさにお客様がショップ内をどう回遊しているのか、それをデータで見える化し、お客様の行動要因を分析し、販売施策に役立てていこう、ということです。

　われわれのAIシステムもそのために導入していただいています。AIによる顧客行動の分析を目的としたものです。さらに、2018年5月にABEJAがリリースした「リピート推定」などのツールを用いる

ことで、来店客の館の中での回遊状況を追跡し把握することも可能となり、さらなる定量的なマーケティングが可能となります。

3番目の「体験のデジタル化」とは、VRやAR*39技術を使い、PARCO店内のショッピング体験を拡張する、といった試みです。

4番目は「商品・在庫のデジタル化」です。2017年10月には「シリウスボット」と呼ばれるロボットが池袋PARCOさんの店内に登場しました。このロボットは、昼間はお客様の案内役として働き、夜になると無人の店内を自律走行し、店舗内の商品（在庫）のRFID*40（ICタグ）を読み取ることで、販売スタッフの代わりに棚卸業務を行なう実験もしています。今後、ロボットが読み取った在庫データを基にWebサイトでの注文も可能になるかもしれません。

これら4つのデジタル化の質を高めていくには、われわれが提供するAIの質もさらに高めていく必要がありそうです。

---

*39 VRとはVirtual Realityの略で「仮想現実」、ARはAugmented Realityの略で「拡張現実」と訳される。どちらもコンピュータで作り出した人工的な景色・地形・感覚などを見せる技術だが、VRが「現実」そのものを人工的に作り出すのに対し、ARは本物の現実に仮想的な情報を加えて「拡張」する。VRがHMD（ヘッド・マウント・ディスプレイ）を装着して視界すべてを囲い込んでディスプレイ上で見る映像であるのに対して、ARは視界を遮断せず、ふだん目にしている景色や光景に人工的な映像を加えるもの。

*40 RFIDはRadio Frequency IDentificationの略称で、電波を介して無線で情報を読み取ることで商品やモノを識別したり管理したりするシステムのこと。ICタグは「ICチップが埋め込まれたタグ（タグは荷札のこと）」の意味で、RFタグなどと呼ぶことも多い。RFIDは、情報が記録されたRFタグと、それを無線で読み取る装置まで含めたシステム全体を指す。

検査の自動化にどう挑むか
～武蔵精密工業～

　モノづくり企業（メーカー）へのAI導入の事例として、輸送用機械器具の製造・販売を行なう武蔵精密工業さん（愛知県豊橋市）をご紹介します。

　同社は創業80年を迎える歴史ある企業で、その独創的な発想と技術力をもってクルマの重要部品、とくにパワートレイン[*41]と呼ばれる部品に大きな強みがあり、鍛造から組立までの一貫生産をされています。

　工場内の自動化にも早い段階から着手し、製造工程のほとんどは自動化されています。ところが、最後の「出荷検査」だけは自動化されず、熟練社員による目視検査が現在も続いているのです。これはなぜなのでしょうか。

人の目から「人工知能の目」へ

　そこで今回、同社はわれわれと組んでディープラーニング技術を導入し、最終検査を自動化するための実証実験に乗り出しました。

　具体的には、同社が製造する「ベベルギヤ」と呼ばれる部品に狙いを定めました。

　クルマにはディファレンシャルと呼ばれる部品がタイヤのそばについていて、クルマがカーブしやすいように左右の車輪の回転を調

[*41] エンジンでつくられたエネルギーをクルマの駆動輪に効率よく伝えるための装置。エンジン、クラッチ、トランスミッション（変速機）、シャフト、ギヤなどがパワートレインに相当する。

整しています。そのディファレンシャルを構成する部品の一つがベベルギヤ（傘状の歯車）です。同社ではこのベベルギヤを全世界で年間約4000万個も生産しています。

◆ クルマの重要部品ベベルギヤ

　実はこのベベルギヤの不良品率はきわめて低く、0.002％にすぎません。同社では国内で月産130万個をつくっていますので、検査段階で1日に1個の不良品が出るかどうかという、きわめて高い精度でつくられています。

　ベベルギヤの欠陥としては、キズ、シワなど、たくさんの種類があります。これらの欠陥を見落とすと、クルマに異音、異常振動が起き、さらには破損などの重大事故につながる危険性もあります。このためすでに製造段階で0.002％という精度で厳格につくられ、さらにその不良品を最終検査で弾いてきたわけです。

　ただし、人による目視検査であるため、いくら熟達した社員であるとはいっても、膨大な量を全数検査する必要がありますから、かなりの高負荷作業を課すことになります。そこで人手に頼る検査から脱し、なんとか自動化できないかと考えるのはきわめて自然な流れです。

なぜディープラーニングを採用したのか

もちろん、過去には武蔵精密工業さんでも検査の自動化を何度か試みられていました。同社でAIプロジェクトを担当されている村田宗太さんによれば、社内でオリジナルの自動検査システム（カムシャフト外観検査設備）の開発をしたこともあり、村田さん自身もその製作に関わられた経験があるそうです。

しかし、それらのシステムを使っても、特定の不具合事象に特化したものになりがちで、その場合も「どこまでなら正常品で、どこからが不良品なのか」という閾値[*42]を設定するのが非常にむずかしかったそうです。しかも、欠陥のパターンは無数にあります。このため、検査の自動化は今日まで実用に至らなかったといいます。

そこへ新たにディープラーニングというAI技術が持ち上がってきたため、AIチームを発足し、AI技術を社内に導入・蓄積しつつ、自動検査するための実証実験に再びチャレンジすることになったわけです。

まず、2017年1月にAI活用のための有志チームが結成され、翌2月にはわれわれのセミナーに参加。6月〜10月には目視検査への応用研究に着手し、11月以降はプロトタイプの製作に入るという、かなりのスピード感でプロジェクトを進めています。

なぜAuto Encoderを採用したのか？

目標は、「熟練社員による最終検査と同等以上の精度をもつ検査モデルを構築すること」というレベルに設定しました。

その実証実験には、ディープラーニング技術の一つであるAuto

[*42] 境目となる値、範囲のこと。一般に物理学や工学分野では「しきいち（スレッショルド）」と読み、生物学の分野では「いきち」と読むことが多い。

Encoder（オートエンコーダ：自己符号化器）を中心に、複数の手法を組み合わせることにしました。

　なぜAuto Encoderを採用したのか。それはデータの特徴を考えたためです。すでに述べたように、ベベルギヤの不良品率はきわめて低いことがあげられます。ディープラーニングで学習させるにしても、1日に1個程度の不良品サンプルしか入手できないこと、そして数が少ないにもかかわらず、その欠陥パターンが無数にあることです。

　そこで、不良品を学習させるのではなく、大量に入手できる「正常品データ」のほうに目を向け、正常品画像だけでモデル構築のできる「Auto Encoder」を使用することにしたわけです。

　また、正常品と言っても一律ではありません。ギヤは鍛造工程を経て完成するため、その表面や歯車の先には少しずつバラつきがあります。このため、やはり大量の正常品データを必要とすることには変わりありません。

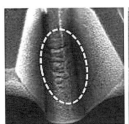
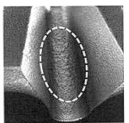
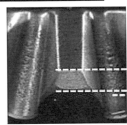
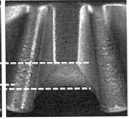

正常品でもさまざまなパターンがあり、大量のデータを必要とする

◆ **Auto Encoderで正常画像からモデルを構築する**

Auto Encoderは、ニューラルネットワークを使った次元圧縮という仕組みです。簡単にいうと、コンピュータのファイルを「圧縮・解凍」するような手順を考えていただければ理解しやすいでしょう。

　つまり、下の図のように、「元の画像（正常品の画像）」を入力し（入力層、1層目）、それを圧縮する（2層目以降／隠れ層）。これを解凍すると、「元の画像（正常品の画像）」が出力される（出力層）というわけです。
　ベベルギヤのケースでいうと、正常品画像のデータを大量に学習させて、「正常なベベルギヤ」の特徴をとらえたAuto Encoderのモデルをつくります。そして、検査で「正常品画像」が入力された場合、Auto Encoderは「正常画像に似た画像」をつくりだします。
　同様に、「不良品画像」の場合も、Auto Encoderは「正常品画像に似た画像」をつくりだしますが、キズなどの欠陥がある場合は「入力→出力」の画像の間にいわば「差分」が発生し、きちんと復元できません。それが「欠陥を検出した」という判定につながります。

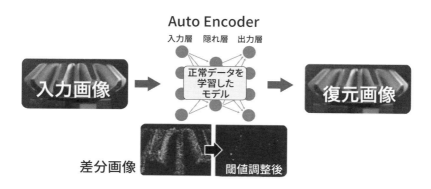

◆「復元可能か、不可能か」で正常品か不良品かを判断

プロトタイプから実装段階へ

実証実験の結果は次の表のとおりです。

結果＼入力	NG品	OK品
NG判定	97.7%	39.1%
OK判定	2.3%	60.9%

※2017年11月1日時点

◆ 実証実験の結果

　実験を開始して早々のデータでしたが、「NG品（不良品）をきちんとNGと判定」する確率が97.7％あることを示しています。「OK品（正常品）をOKと判定」する割合が60.9％と低めなので、これを上げていく必要がありますが、これは学習データ（正常品）を増やしていくことで解決していくと見ています。

　現場では「NG品を検出できること」がいちばん大事なので、97.7％はすでに高い精度として評価を受けており、次の段階であるプロトタイプ機の製作へと向かっています。

　同社の村田さんによれば、「ABEJAと武蔵精密工業はスーパーオタク集団だ！」ということですが、彼らの強みはまさに「社内の各方面に強力なエンジニアがいる」こと。以前のオリジナル検査機の製作にせよ、プロトタイプ機にせよ、すべて社内のエンジニアにより製作されています。

　その技術力に加え、「世の中が変わってからAIの開発をしていては遅い」というスピード感をもった仕事力で、「人工知能の目による自動検査」を可能にする日が来るのも近いと考えています。

5 上級者のスキルを伝授
～コマツ～

　建設機械メーカー最大手のコマツさん(東京都港区)のAI導入の取り組みを見てみましょう。

　これまでの3社同様、コマツさんにとっても「AI導入が目的」ではなく、あくまでも同社がめざす「スマートコンストラクション(Smart Construction)」という大きな構想を実現するための一つのツールとしてAIが位置づけられています。

　そこでAI活用の話に入る前に、建設業界を取り巻く状況、同社のスマートコンストラクションの考えがなぜ出てきたのか、などについて少し触れておくことにします。

　まず、建設業における経営課題は何か、という点です。

　建設業では近い将来、建設技能者が130万人不足する(1/3の不足に相当)といわれ、しかも建設業者の9割以上は年商6億円以下、従業員10名程度の中小企業です。そうなると、「一人あたりの生産性をいかに上げていくか」が建設業界全体の喫緊の課題といえます。

　同社執行役員スマートコンストラクション推進本部長の四家千佳史さんによれば、「施工現場で実際に作業をされている方々の仕事の生産性を上げなければ建設労働者不足は補えない。コマツとして何らかのサポートができるのではないか」と考えたといいます。

 思わぬボトルネックに阻まれる

　当初、同社では「GPS機能を装備した自社のICT(情報通信技術)建機を使えば、製品・サービス面で建設業の生産性向上に貢献でき

るはず」と考えていたようですが、四家さんによれば、「ほとんどの現場でうまくいかなかった」といいます。というのは、建設工程のあちらこちらにボトルネックが存在したからです。

◆「建設生産プロセス」の全体図（計画、設計、施工、維持管理）

　上の「建設生産プロセス」の全体図（計画、設計、施工、維持管理）を見ると、建機は「施工」部分を受け持ち、しかもその一部にすぎません。つまり、ICT建機が活躍できる部分（図では盛土と法面）は限られていることがわかります。

　このため、建機がその活躍範囲内でいくら効率よく掘削し、盛土作業をしても、前後のダンプトラックによる運搬がスムーズにいかなければ予定が狂い、結果として建機も遊ぶ……という状況が多くの現場で発生していたのです。つまり、全体最適になっていなかったと言えます。

　そこで建機が関与しない他の工程も含め、それぞれのお客様（施主、施工企業など）の課題をいっしょに考え、解決するソリューションを2015年2月に立ち上げました。それが「スマートコンストラクション」と呼ばれるものです。

土量計測に時間がかかる、正確に測れない……

　スマートコンストラクションで何ができるのか、何が変わるのでしょうか。

　まず、現場の測量時間の短縮、精度の飛躍的向上があります。従来の人手による丁張り、水糸（水縄）などの計測作業では、１週間かけても数千地点の測量がやっとだったといいます。それがドローンを使った測量では、わずか15分の写真撮影によって数百万地点の計測を可能にしました。1000分の１の時間で、1000倍の地点を計測するのです。大きな生産性向上につながります。

　精度の違いも明らかです。ある現場の土量測定では人手で１万4100㎥と予想し、ドローンでは１万7600㎥と計測。正解はドローンのほうで、その土量差3500㎥は10トン・ダンプトラックで600台分に相当するといいます。無駄の排除です。

　次に、施工現場の３次元データを自動生成し、施工完成図面を３次元化して２つのデータを照合することで、施工範囲・土量などを自動計算します。工期ごとに施工をシミュレーションできるので、作業内容を事前に把握できるメリットがあります。

　そしてICT建機で施工することで、初級者のオペレーターであっても、すぐに上級者並みの施工ができるようになります（熟練オペレーターの技術がシステムに組み込まれている）。初級者もいきなり即戦力です。

　最後に、管理者はその日の出来形、出来高をリアルタイムに確認できますし、クラウドに蓄積された施工データをもとにして、工事完了後も納品図書の作成、あるいは将来の維持管理に役立てることができます。

　このようなスマートコンストラクションによって、建設業界全体に大幅な生産性アップが見込めることがわかります。

初級者が上級者並みの腕前に?

　ここでAIはどこに使われているのか。いちばんわかりやすいのは、「初級者のオペレーターが上級者並みに施工できる」という点でしょう。これにはCAN[*43]データが利用されています。CANデータとは、どういう操作のとき、各モーターをどういうトルクで動かしたか、それが全部記録されているデータのことです。

　初級者と上級者の仕事では、同じ仕事をするにしても、施工のやり方や生産性には大きな差があるようです。そこで、どのような作業をするとき、上級者はどのように建機を操作したかということを全部データ化しておき、そのデータをもとにディープラーニングで学習を繰り返し、上級者の操作をモデル化しています。

　こうして、初級者が上級者に似た動きをした瞬間、上級者のデータに沿って動きをフィットさせる、いわばセミオート・モードに入ります。これはわかりやすいAI導入部分といえます。

　現在、コマツさんではセミオート化する部分だけでなく、AIのさらなる活用を検討されていて、それによってスマートコンストラクション全体をいっそう推し進めていこうとしています。

　もはや「建機（モノ）」を売っているというよりも、「建設という仕事のサポート（コト）」をしようとしており、それに役立つキーテクノロジーとしてAIやIoTが自然な形で導入されていくということです。

[*43] クルマ内部の電子機器をつなぐネットワーク規格のこと。各機器の状態を伝えあうことで、車内の各機器がコントロールされている。現在はほぼすべてのクルマに採用されている。CANデータからは、アクセルやブレーキの動作、ハンドル操作、それに伴うエンジン回転数など、運転者がどのように操作したかを示すあらゆるデータを得ることができる。

　　　　＊　　　　＊　　　　＊

　以上、AI導入について4社の事例を駆け足で見てきました。何度かお伝えしたように、結局、自分たちのやりたい世界やビジョンが先にあって、その実現に向けて役立つものであれば、それがAIであろうがIoTであろうが、最適な技術・方法を、最適な相手と組み、現場に導入・実装していこう、というスタンスなのです。
　その意味では、もはや、「AIを導入するかどうか」という段階ではなく、当たり前にAIが各産業で使われ始めている、実装され成果を出し始めている、というのがわれわれの実感です。
　日々生まれてくる大量のファクト・データをもとに、それをAIで学習し、それをもとに業務を改善・変革していく。
　いままさに、各産業に劇的な変化が訪れようとしているのです。

6章

画像、音声、テキストが新しいビジネスを生む

1 画像データを利用する
〜実在しない人物の顔もつくれる!?〜

　ディープラーニングの登場により、これまで企業が業務としては扱いにくかった画像データ、動画データ、音声データ、テキストデータなど、いわゆる非構造化データを活用できるようになりました。それを受けて、今後、それらデータがどのような可能性に結びつくのか、ビジネスにどう活用できそうか――。

　この章では、すでに始まっていること、まだ萌芽が見え始めたにすぎないことも含め、AI・ディープラーニングの将来性や発展性について、会話形式でまとめてみました。

◆ 人探し、アンチエージング

モグラくん：画像、動画、音声、テキストみたいな「非構造化データ」の出番が出てきたようですね。そうすると、「こんなこともできる、あんなこともできる……」とか思っちゃうし、「もう、こんなこともできてるよ」といった話があれば教えてくれない？　僕もそのうち起業して、そのときの導入のヒントにしたいと秘かに思っていたので……。
　まず、最初は画像認識の面で知りたいんだけど。

ミツバチさん：製造業だったら、前の章で説明があったけど、「検査の自動化」があるんじゃない？　部品を分類することもできるそうよ。画像による医療の診断も進みそうだと聞いているけど、CT、MRIのスキャン画像、生体検査などの画像って、ディープラーニングで判定できるようになるみたいだ

し。最近だと、患者さんの顔色を見て、どういう病気の可能性があるかを判定できる、そんなことも聞いてますよ。モグラ君、顔色悪いけど、大丈夫？

モグラくん：僕は大丈夫です。セキュリティの面ではどうですか。画像認識によって犯人の逮捕につなげるという話を聞いたことがあるけど……。

ミツバチさん：国によっては画像認識がすでに犯罪捜査に使われていることもあるようですが、これは"技術的には"もちろん、可能ですよ。

モグラくん：ちょっと怖い話ですね。セキュリティというより、「人を探す」という、もう少し一般的な利用に応用できませんか。

ミツバチさん：街なかに出た徘徊老人や、遊園地の迷子を探す場合にも有効ですよ。自分で自分の年齢を言えないような場合でも、ディープラーニングで年齢をかなり絞り込んで特定できますからね。

　それから、クルマの車種判定にも使われています。中古車のオークションサイトでは、かなり珍しいクルマの場合、「この車種が出品されたら瞬時に入札する」といった使われ方もされているようです。マニアは珍しいクルマなら多少高くても買うので、画像認識をそのように使う方法もあります。中古車の価格査定なんかも可能になるでしょう。

モグラくん：健康関係はどうですか？　アンチエイジングをビジネスにしてみたい気がして。

ミツバチさん：アンチエイジング？　可能性はあるんじゃない？　肌年齢などもスマホで推定が可能になると思うわ。「この人は実年齢は36歳だけど、水分量は43％、油分量は22％で、肌年齢は33歳……」のように、1枚1枚の画像と肌年齢

とを対応させ、学習させておくと、スマホで撮影した写真をベースに、肌年齢を割り出すことも可能じゃないかしら。ただね、肌年齢の簡易版はネットでも安価に売られているようなのよ。だから「ディープラーニングで技術的に可能」とはいえても、高い精度のものをウリにするとか、商品化には別の付加価値が必要かもしれないわ。

AI分析と頻度分析で精度を上げる

モグラくん：個人的な関心ですが、鑑定はどうですか？ 藤原定家や坂本龍馬が書いたとされる手紙が見つかったとき、それが本物かどうかを鑑定する、といったケースです。

ミツバチさん：それもありそうね。藤原定家の書いた手紙の画像から特徴量を抽出すればいいんじゃない？ もう一つ、テキスト化して頻度分析[*44]するのもいいかも。頻度分析は以前からある統計学の手法だから目新しいわけじゃないけど。

モグラくん：そうか、画像データとしてはAIで分析し、文字データとしては頻度分析でアプローチするって、ことですか。なるほど、二重でやれば正解の確率が高くなりますね。

ミツバチさん：ただ、ディープラーニングで鑑定するとなると、藤原定家の手紙、文字が大量に残っていることが前提よね。

モグラくん：う〜ん、「大量に残っているか」と言われると……。

ミツバチさん：同じ使い方なら、食品に異物が混入されているものをハジくといった使い方のほうが鑑定よりも実用的じゃないかしら。といっても、食品会社さんではすでに採用を始めて

[*44] 文字どおり、文章や会話における、特定の文字や文字列（単語）などの出現頻度や傾向を調べること。もともとは暗号の解読に使われた。

るから、これも目新しくはないけれど。

🔲 ボトムアップとトップダウンの発想で

モグラくん：食品会社さんは、すでにそういうことをやっているんですか。ディープラーニングで技術的に可能かどうかも重要だけど、自分の会社の商品とディープラーニングをどう結びつけるか、それを結びつける構想力が必要ですね。

ミツバチさん：基本的には、ボトムアップとトップダウンの考え方があると、聞いたわよ。

モグラくん：ボトムアップ、トップダウンの意味はわかりますけど、どういう意味で言ってるんですか？

ミツバチさん：「ウチの会社にはこんな画像データがある」から、それで「何か応用できないか」と考える方向が一つで、これがボトムアップね。もう一つは、先に「こういうことをやりたい」という願望や目的があって、そのためには「どんな画像データが必要か」という発想で考えるというトップダウンね。この両方をうまくマッチさせる力が必要かな。

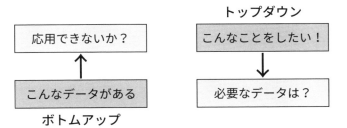

モグラくん：話は変わりますけど、画像認識にはどのくらいの解像度の画像（写真）が必要なんですか？　かなり高精度なものを要求されるんですか？

ミツバチさん：解像度についてはよく聞かれるらしいわ。知り合いのAI企業の人に聞いてみたことがあるけど、それは「人間が見てわかる程度の解像度」ならOKだって。

　要するに、「人間がその画像を見て判断できるものは、ディープラーニングで推定できる」ということよ。人間が見てわかるものはAIで代替できるし、それが導入のファーストステップだということよ。受け売りですけど。

モグラくん：ということは、いま、人間が目で見て、なんらかの判断とか行動をしている仕事であれば、その画像レベル（人間の視覚）でディープラーニングにも使える、ということですね。

ミツバチさん：その後に、「人間でもできない部分」にまで進めていければいいかな、と言ってたわ。そこは「人間を超える」部分ね。だから、スマホで撮った写真でも、ふつうに人間が見て、たとえば「ペットボトルの写真」だとわかるレベルなら、ディープラーニングで使えるって、ことね。

モグラくん：人の官能、五感で検知できるものであればいいわけですね。目は画像データ、耳は音声データが使えているけど、他は？

ミツバチさん：「五感全部」と言いたいけれど、まだ、嗅覚、味覚はむずかしいらしいわ。ただ、東京大学の松尾豊先生がよく、「機械が眼をもった」と指摘されているのを知っているでしょ。視覚的に判断しているものについては、何らかの「特徴量」が現れていると考えられるから、それをディープラーニングで学習させることが当面のテーマだと思うわ。モグラ君も将来、AIを使ってビジネスをやるなら、そこを考えればいいんじゃない？

GAN技術で「実在しない人」をつくる

モグラくん：そうですね、ディープラーニングって、「特徴量」の自動検出でしたからね。それができれば、ディープラーニングにかけられる、と。いまさら聞いて申し訳ありませんが、ディープラーニングって、一言でいうと、何？

ミツバチさん：シンプルに言うと、「データの入力、出力を決めて、その間を自動補間する技術」と教えてもらったわよ。猫の画像（入力）を入れて、これは猫（出力）と教えておくと、その間で勝手に特徴量を見出し、次から正解を出してくれるという技術よね。

モグラくん：自動補間ですか。たとえば、アニメのコマとコマの間を補間したイラストもつくれると思うけど、そうすると、異なる2人の顔を補間して、新しい顔をつくるということは可能性としてありますか？

ミツバチさん：すでにやってるわよ。GPUで有名なNVIDIA社がGANというディープラーニングの方法で作成しているのよ。XというAIが何人かの顔のパーツから一つの顔をつくると、もう一つのYというAIがそれを見て「肌の色が違う」「目が不自然」などから「ニセモノ」と判断。そこでXが失敗原因を分析し、精度を上げてつくり直す、それをYがまた不自然なところを見つける、Xがつくり直す……。「だまし、だまされ」を自動で繰り返して精度を上げていくのがGANで、すでに「この世に実在しないけれど、人にそっくりなセレブの顔」をつくっているわよ。その顔をどんどん変えていくこともやってて、見ていても面白いわ。

◆ 実際には存在しない「セレブ風の顔」をつくるGANの技術
（NVIDIA社による）

（出所）https://research.nvidia.com/sites/default/files/pubs/2017-10_Progressive-Growing-of/karras2018iclr-paper.pdf

モグラくん：もし、この画像を動かすことができれば、この世に存在しない美男・美女だけで映画をつくれたりして……。こっちの「人っぽい画像」のほうが独り歩きして、バーチャルなスターとして人気を博する可能性もありますね。わぁ〜、ホンモノそっくりの美人だ。

ミツバチさん：まあ、どこまで動かせるか、という点はまた別にあるのよ。ただ、ここまで人物の画像を生成できるようになっているのはホントね。GANの技術を使ってるそうよ。

モグラくん：ちょっとだけでも、GANについて教えてください。

ミツバチさん：しょうがないわね。何に使うのかわからないけど、ちょっとだけよ。次のマンガでイメージをつかんでみてね。

ディープラーニング物語（4）GAN

岡田GAN分室

GANとは、だまし、だまされながら精度を上げていくシステムだよ

GAN
- 偽装ジェネレータ
- 警察ジェネレータ

あれ、これってなんですか？

GAN

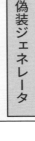
偽装ジェネレータ

警察ジェネレータ

オレ、だまし役

うん？どんな対決をするのかな？

私、だまされてたまるか、役です

6章 画像、音声、テキストが新しいビジネスを生む

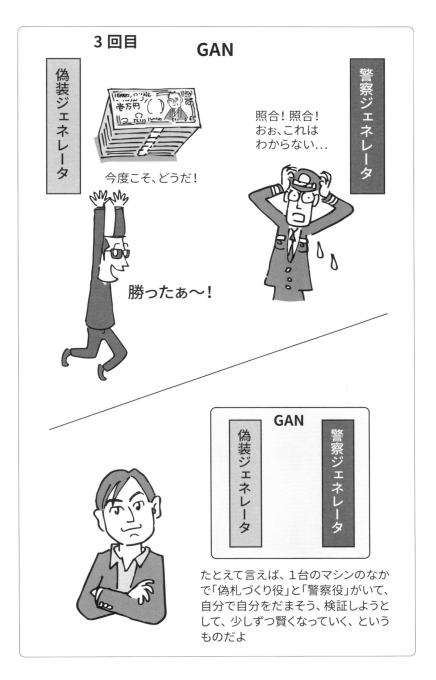

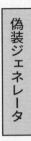

2 動画を利用した場合
～プロスポーツ選手と同じ動きができる!?～

「時系列情報」が役に立つ

モグラくん：次に、「動画」を利用した場合はどうですか。そもそも、静止画と動画で、何が違うんですか？

ミツバチさん：いちばん大きな違いは、静止画像には時系列情報がない、ってことね。

モグラくん：いきなり時系列情報といわれても、ピンと来ないけど。

ミツバチさん：たとえばね、静止画で見ても「しゃがんでいる」ことはわかっても、それが「しゃがもうとしている瞬間」なのか、逆に「立ち上がろうとしている瞬間」なのか、その判定は動画でないとできないってことよ。

モグラくん：なるほど。そういうことですか。わかりました。それって、何かに応用できますか？

ミツバチさん：小売店だと、万引き予防に応用できるんじゃないかしら。静止画だけだと、商品を手に持っている状態だけでしょ。そうすると、万引きをしようとしているところなのかどうか特定できないけれど、動画で時系列にすることで、その動きから「万引きの推定」ができると思うわ。

オープンポーズで体の動きを研究

モグラくん：以前から、関心のあるものが一つあって……。苦手なスキーがうまくなるとか、テニスのトッププロは身体のどこをどう動かしているとか、そういうことが動画でわかるといいな、と思っていました。そういうスポーツの上達とか指導の面ではどうですか？

ミツバチさん：最近、人間の骨格の動きをうまく推定することができるようになっていて、オープンポーズ（OpenPose）[*45]というのが話題になっているのを知ってる？

◆ オープンポーズの例
（出所）https://arxiv.org/pdf/1611.08050.pdf

[*45] カーネギーメロン大学のZhe Caoらによる「Realtime Multi-Person Pose Estimation」という論文で発表されたディープラーニングを用いて人物のポーズを可視化する手法。

ミツバチさん：そのオープンポーズの論文が注目されていて、人間が動いている動画から、その人の骨格の動きを読み取る技術よ。時系列の動画の中で、「ここでダンサーの肘が35度に折れている」「バレリーナの膝が0.1秒で86度に折れている」というのを、関節点で認識しているの。これまではモーションキャプチャ[*46]がないと撮れなかったけれど、それだとずいぶんコストがかかっていたみたい。それがオープンポーズを使うと、簡単に骨格の動きを撮ることができてしまうのよ。面白いでしょ。

モグラくん：コストが安くなるのは大きいですね。

ミツバチさん：そうね。こういう形でスポーツの指導をしていくことが増えていきそうだと思うわ。オープンポーズで骨格情報を撮って、その後にCGに組み込んでしまう。そうすると、モーションキャプチャなしで、アニメーションをつくることができる。これって凄い！

パワードスーツとAIデータの連動の可能性

モグラくん：こんなのはどうですか？ 人間が事前にパワードスーツ（ロボットスーツ）を着ておいて、オープンポーズのデータをWi-Fi経由で送ってもらう。すると、パワードスーツがその動きに連動して動く……。そうしたら、パワードスーツを着ている人は、テニスでも、スキーでもトッププロの動きをそのまま体感できて、飛躍的に上達するのでは？

[*46] Motion Capture。現実の物体や人体の動きをデジタル情報として記録する技術やシステム。光学式、機械式、磁気式などの方式があるが、マーカー（目印）を被写体に装着して撮影するなど比較的大がかりな装備や機器が必要で、低コスト化がむずかしかった。

6章 画像、音声、テキストが新しいビジネスを生む

ミツバチさん：パワードスーツ的なビジネスは、たくさん応用があると思うわよ。研究ベースということで聞いたんだけど、VRをうまく使って、現実世界に近い形で教えることができるシステムを考えている人もいるそうよ。まだ実用化は先の話みたいだけど、可能性はあるかも。

モグラくん：それができれば、ピアノの演奏も嫌がらずにできて、子どものお稽古ごとがラクになるかもしれませんね。大人だって、「六十の手習い」が実現！

ミツバチさん：えぇ、手の動きだけを集中してビデオで撮って、ピアニストはどういうふうに手を動かしているのか、どう鍵盤を叩いているのか。こう叩いたとき（入力）、こういう音が出た（出力）、ということを学習させると、同じような音を出せるはずよね。ロボティックス（ロボット工学）の分野は可能性がいっぱいありそう。

モグラくん：そうですね。でも、技術的にできるかどうかだけじゃなく、僕としては、なけなしのお金を出した分、お金が戻ってこないと困るから、必死で考えますね。

ミツバチさん：そうね、ROI（投資対効果）につながるかどうか、総合的に判断したほうがいいわよ。

3 音声認識を利用する
～会議の議事録も自動でできる!?～

モグラくん：次は、「見る」ではなく「聞く」ほうの音声認識について聞きたいんですけど。

ミツバチさん：声に関しては、音声テキスト変換とか、スマートスピーカーでも認知症予防サービスとかが、もう実用化されているわね。研究ベースではとても面白いのがあったわよ。電話のバックグラウンド・サウンドから、「どこの都市にいるのか」がわかってしまう、というのがあるんだって。

都市ごとに特有の音＝特徴量がある？

モグラくん：え？ 映画やドラマで電話していると、背後の音で居場所がわかってしまうという、あの方法ですか？

ミツバチさん：ドラマの場合は汽笛が鳴ったとか、「新橋～」というアナウンスが聞こえたということよね。それとは違って、「都市に特有の音」というのがあるらしいのね。といっても、墨田区とか、新宿区という狭い地域まで絞り込んでいるわけではなく、いまは東京、ロンドン、ニューヨークのような大都市レベルらしいわ。都市特有の音に関して特徴量を学習した、ということよね。まぁ、あくまでも研究レベルの話だけど。

モグラくん：音声の分野では、「音声を自動的にテキスト変換してくれないかな」といつも思っています。昔からそういう試みはあるし、iPhoneのSiriやGoogleドキュメントでも可能だ

けど、2人とか、3人の声が交じると、まだまだですよね。期待してるんだけど、実用に使うには、ちょっと厳しい……。

音声分離モデルを異常音に応用

ミツバチさん：会議で「社長の声が聞き取りにくい」とか、電話で「犯人の声だけをピックアップしたい」という場合、その声だけを採取することもできるようになってきているんだって。「音声分離モデル」と呼ばれている分野で、Googleでもディープラーニングを使ってやっているそうよ。たぶん、今後は各社のテレビ会議系のシステムにも入ってくるんじゃないかしら。

モグラくん：その音声分離モデルの技術は、他にも応用が効きそうですか？

ミツバチさん：そうなの、大ありなの。人間の声だけじゃなく、ノイズに使えば、いろいろと応用できそうなのよ。たとえば機械のノイズ音を聞いて、異常を検知するシステムに使えるんだって。すでに事例があって、工場でIoTセンサーをつけておいて、操業中に何かしら音が変化したときにアラートが出る仕組みになっているそうよ。

モグラくん：故障の異常音のデータというのは少ないから、機械の正常音だけを大量に入れておけばいいのかも……。

ミツバチさん：そうね、正解データだけ入れるという意味では、Auto Encoderの利用よね。橋やトンネルの検査で、金づちでカンカンと叩いて音で確かめることがあるけど、それをディープラーニングでやっている例はたくさんありますよ。今後、音をビジネスに活用する方法はきっとたくさん出てくるわね。

4 テキストデータの活用は「自動翻訳」が本命

モグラくん：テキストデータでいうと、どんなものがありますか？

ミツバチさん：テキストデータを利用したAIの応用というと……。やっぱり、いちばん実用的なのは翻訳じゃない？ Google翻訳も最近、すごく精度が上がってきてるでしょ。

モグラくん：テキストだと、「AIが人に代わって書く」というのも話題になりましたよね。新聞社や通信社がAIで記事をつくりだしてる、って聞いてますけど。それはどうなんですか？

文章のサマライズに使おう

ミツバチさん：文章のサマライズ（要約）なら得意よね。たとえば企業の決算公告などは、ある程度、定型化されてるでしょ。そうすると、必要情報を入れれば、そのまま自動的に記事を書いてくれることになる……。ただね、そのへんはAIというよりも、RPAに近いかなという人もいるわね。

モグラくん：RPA？

ミツバチさん：RPA（Robotic Process Automation）といって、定型化された枠の中に、決められた方法でデータを埋め込んで自動処理する方法よ。テキストデータの場合だと、決められた枠の中に、文字を自動的に流し込んでいくイメージね。たとえば、

「◆＝社名、●＝年度、▲＝利益、★＝数値」
と決めておいて、
「◆の●年度の▲は★だった」
の形をつくり、後からその形に沿ったテキストを流し込めば、自動的に文章ができあがる、というものよ。

モグラくん：あんまりAIっぽくないですね。どこまでをAIと呼ぶか、という話かなぁ。そうすると、ディープラーニングで文章化はできていない、ってことですね。

ミツバチさん：そうでもないのよ。ディープラーニングで文章を書くことは、すでに始まっているから。最初に言ったように、文章のサマライズ、これがそうね。データを流して、そこからどの文章をつなぎ込むか。日本語はまだ弱いんだけれ、英語のレベルは高いという話よ。

モグラくん：定型文書ということ？

ミツバチさん：いや、英語なら、定型文には限らないわよ。Googleのニュースはサマライズなら、コンピュータが自動で書くんだって。そういえば、文芸の分野でも、ショートショートを書くプロジェクトもあるわよ。

モグラくん：たとえば、どんな？

ミツバチさん：公立はこだて未来大学の松原仁教授を中心にしたプロジェクトがあるわ。星新一のショートショートを分析して、AIでショートショートを創り出そうというものなの。その名も「きまぐれ人工知能プロジェクト　作家ですのよ」というユニークなものよ。2012年から始まっていて、2016年にはAIで書いたショートショートが「星新一賞」の一次審査に通ったのよ。「きちんとした内容になっている」と

評価を受けたらしいわ。

「アタリ」をつける場合にも使えるディープラーニング

モグラくん：ディープラーニングって、データがあればあるほど精度が上がるんですよね、「フレーム問題」みたいに、データにキリがない場合は別として。

ミツバチさん：そうともいえないわよ。ゲノムデータのようにデータが大量にありすぎる場合は、最初の「アタリ」をつけるためにディープラーニングを使うこともあるから。

たとえば、新薬づくり。もし、全パターンを計算していたら膨大な計算量になってしまうので、まずは、「この辺かなぁ」とアタリをつけるのよ。アルファ碁（AlphaGo）[*47]、将棋のポナンザ（Ponanza）[*48] も同じ。

モグラくん：そのとき、ディープラーニングを使う？

ミツバチさん：そう。ディープラーニングでいったんアタリをつけたら、後はその部分だけを計算させるのよ。その後の計算は、ふつうにモンテカルロ木探索[*49]とかでシミュレーションしていくだけよ。膨大すぎるデータを扱う場合、「この辺がポイントかな」というのを見つける手法としても、ディープラーニングが使えるわね。

---

*47 Google傘下のディープマインド社が開発したコンピュータ囲碁プログラム。ディープラーニングを応用して「自分vs自分」の対局による強化学習を繰り返して強くなり、2017年には人類最強の呼び声が高い中国人棋士・柯潔に勝利した。

*48 山本一成氏がメイン製作者であるコンピュータ将棋プログラム。2017年には佐藤天彦名人に勝利した。

*49 乱数を用いて数値計算をすることで偶然の現象をシミュレーションするモンテカルロ法を、プログラミングのアルゴリズムに採用したもの。囲碁のゲームプログラムなどに使われることで知られる。ちなみに「モンテカルロ」の名は、著名な科学者、ジョン・フォン・ノイマンがカジノで有名なモナコ公国にちなんでつけたとされる。

モグラくん：いろいろと教えてくれてありがとう。AIで起業するときの「アタリ」を付けられそうですよ。

7章

レバレッジ・ポイントに
AIの力を注ぎ込む

1 お客様が本当に欲しいものは何か?

  「モノをつくり、売る」その奥を探る

　小売・流通業であれ、製造業であれ、AI導入をうまく進めている企業を見ていると、一つの共通点が見えてきます。それは単にモノを売り、モノをつくるというだけでなく、お客様のニーズに沿った、顧客満足を高めるサービスを提供しよう、その価値を増やすためにAI導入・運用しようという姿勢が見えることです。

　たとえば、体重計を売っている企業があって、現在、健康ブームにも乗ってたくさん売れているとします。しかし、多くの人たちは体重計が欲しくて買っているわけではありません。「健康」が欲しいからこそ、その手段として体重計を買っているわけです。

　ということは、「健康につながるサービス」であれば、その体重計メーカーは別に体重計を売らなくてもよく、顧客の健康増進を考えればいい、ということです。

　しかし、体重計を毎日つくっていると、どうしても、「品質の高い体重計をつくらないといけない」「BMI（体重・身長から肥満度を見る指数）が表示される、体重の記録を残す機能は不可欠だ」といったところに目が行きがちです。すると、視野が狭くなります。

　人々は何のために体重計を買うのか、その最終目的は「健康」であり、その手段の一つとして体重計を買っているにすぎません。その視点が大切です。

　自動車メーカーも同じです。いまはトヨタもホンダも、Mobility as a Service（MaaS）という考え方で、メーカーを脱皮し、サー

ビスカンパニーに変貌を遂げようとしています。そして、ユーザーも「クルマを保有する」ことよりも、本来の「移動する」サービスを享受するほうに意識が移ってきています。その結果、たとえばカー・シェアリング（24時間の無人による貸出・返却）のような新しいクルマの使い方が若い世代中心に発展しはじめているのです。

となると、クルマづくりに関わる人たちは、「いま、自分たちは何をしなければいけないのか？」と考えることになります。

お客様をつなぎとめるためのAI

わかりやすい例として、DVDレンタルがあります。私たちがレンタルビデオ屋さんに行くのは、「DVDというモノを借りたい」と思っているのではなく、DVDの中に入っている「映画」というコンテンツを見て楽しむことが目的です。それが本来の目的なら、ネット（たとえばNetflix）経由で「映画のコンテンツ」を見てもいいわけです。

顧客の本当の目的・ニーズに対して、「自分はどういう価値を提供すべきなのか」を見きわめ、自分たちがもっている技術やノウハウをどう使えば最大のリターンを顧客から得られるのか、そしてどうすれば自分たちが成長していけるのか——そうした視点を前提としながら、キーテクノロジーとしてのAIに注目していってほしいのです。

お客様が本当に欲しかったのは何だったのか？

つまり、われわれが思い出さなければいけないのは、
「お客様が本当に欲しいものは何だったのか？」

という点です。

　私たちがやっている商売は、すべて「お客様が欲しいもの」を考えた上でのビジネスモデルです。ビジネスモデル自体はいろいろなものがあるし、時代や環境によって変わります。

　AppleのようにiPhoneという高価なハードを先に売っておき、あとは好きなアプリを少額で買ってもらって稼いでいく、というビジネスモデルもあります。実際、すでにiTunesなどのサービスの売上が、Macなどハードの販売を超えているというから、凄いビジネスモデルです。

　他にも、GoogleのようにAndroidというOSはタダにしておき、その上に乗ってくるGoogle サービスで、それを検索に活かすことによってキャッシュを生むビジネスモデルもあります。あるいは、Netflixのように「月額いくら」と最初に料金を決めておき（サブスクリプション）、あとは使いたい放題、というビジネスモデルもあります。

　ちなみに、サブスクリプションは、従来なら売り切り、あるいはレンタルだった高額のドレス、スーツなども「月額制」の利用に変わってきていて、シーズンごとにクリーニングされたものが送られてくるサービスも動き始めています。

　結局、うまくいっている会社というのは、事業の内容は各社で違っていても、「お客様が本当に欲しいものは何だったのか？」を考え、顧客の価値を高めるビジネスモデルをもっている会社です。

　もし、自社がそうなっていないなら、いち早く変革することです。その中で自分たちがもっている経営のリソース、経営資源（アセット）を最大限にレバレッジさせるための仕組みをつくっていく。そこにAIが活躍できる場がありそうです。

レバレッジ・ポイントにAIの力を加える

　自社の強み、つまりレバレッジ・ポイントをさらに強化する上で、いかにAIを導入するべきか——。

　5章で紹介した武蔵精密工業さんはクルマ用の「ギヤ」をつくっています。同社の場合、ギヤ自体にも競合優位性があって、それでビジネスが成り立っているように見えますが、私はそれ以上に、「ギヤを高い精度で製造するプロセス」にこそ、同社のレバレッジ・ポイントがあるのではないかと思っています。仮にそれを他社に横展開できれば、そこからさらにおカネを生むはずです。

　実際、同社では「マニュファクチャリング・プラットフォーム[*50]」という方向に進んでいて、これが同社のレバレッジ・ポイントであり、AIの力を加味することで、さらに大きなレバレッジを発揮するのではないでしょうか。

　パルコさんも同じだと思います。自社のショッピング・センター内にテナントとして入っていただくことが、パルコさんにとってはいちばんの価値です。そこで、どういう場づくりをするか、どういう空間をつくっていくか、それをプラットフォームとして実装すれば、テナントさんの商品も売れるはずだ、という考えに行き着くでしょう。

　コマツさんの場合、ブルドーザーを世界一きちんと設計できるのは自分たちだ、ということをよく知っているので、そのいちばん精度の高いブルドーザーをベースに、そこにAIを載せれば自動工事が実現できるのではないか、さらにそれを横展開することでスマートコンストラクションが実現できるのではないか。そこにレバレッジ・ポイントがある、と考えているのでしょう。

[*50] 製造業におけるサプライチェーン、バリューチェーンにAIを導入することで、従来では不可能に思われていた省スペース工場や無人工場を実現し、そのプロセスをプラットフォーム化して共通化しようとしている。

ビジネスを時代に合わせて変えていく

　私は、「以前はまったく違うものをつくっていました」とあっけらかんにいう会社ほど強い、と感じています。
　武蔵精密工業さんはその典型です。創業当初は東京の品川で飛行機のエンジン用気化器（キャブレータ）をつくっていて、戦後、愛知県豊橋市に移ってからはミシン部品業に転換し、一時期、ミシン用天秤カムでは全国シェアの65％に達していたといいます。その後、ホンダと取引を始めることでオートバイ部品の製造に着手し、現在はギヤなどの自動車部品をつくっています。時代の波を機敏に読みながら事業の柱を次々に変え、成長していく。
　いま、私たちはまさに大きな時代の変革期、転換点の真っ只中にいます。そうした社会を生き抜くためにも、AIという革新的なテクノロジーを活用する場を見つけ、そこにチャレンジしていくことが求められているのです。

2 「車輪の再発明」はしない

使えるものは使い、時間のムダを省く

　ビジネスを見直すときに意外に重要なのは、「使えるものは全部使う」というスタンスです。「車輪の再発明[*51]」という言葉がありますが、事業展開を早めるためにも、大切な考え方だと思います。

　社内のボトルネックを探し、それをうまくカイゼンできれば利益も上がります。そのとき、既存のものを活用するほうが時間も短縮でき、しかも安く済みます。ICI石井スポーツさんの例でいうと、すぐにアプリケーションを使えるABEJA Insight for Retail（SaaSに相当）を導入されましたが、もし、ICI石井スポーツさんがイチから画像認識システムや導線の仕組みまで、すべてを自主開発していこうとすると、時間もお金ももっとかかったはずです。どちらがトクであったかは自明です。

　私としては、「すでに世の中にあるものはとことん利用する」「あるものは使ってしまおう」という発想のほうが事業展開は絶対に早い、と思っています。

　日本の大手企業の場合、ともすれば「自前主義」を貫こうとするケースをよく見かけますが、少なくとも進化スピードの著しい分野では、「車輪の再発明をしない」というスタンスが必要でしょう。

[*51]「すでに車輪があるなら、それを使ったほうが効率的」ということ。「利用できるものは利用しろ」の意。すでに存在していて、いま以上に付加価値を生み出しにくいものに対し、イチからつくろうとするムダ（時間、コスト、エネルギー）を戒める言葉。プログラミングでいえば、そのまま流用できるライブラリがあるのに、それを利用せずに最初から開発するような愚を指す。

ICI石井スポーツさんの場合は、「店舗の見せ方を変えたらどうなるかを知りたい（新規顧客が増えて顕著な売上増につながるか、あまり変わらないか）」というお話をされていて、たまたまそれにABEJA Insight for Retailが使えることがわかったので導入していただいた結果、それが来店者数、売上、利益への貢献につながりました。自分たちのやりたいことが明確な場合、世の中にはその役に立つツールや商品がすでに存在していることが多いので、まずはそれを探し、使ったほうが賢明です。

　「車輪の再発明」を裏返せば「オープンイノベーション」ということになると思います。いちばんの成功要件は、そこにあるのではないでしょうか。

事業化を早める「学習工場」

　事業化を少しでも早める、という意味では「学習工場」、あるいは「学習済みモデルのファクトリー」の活用もあります。たとえば、5章のコマツさんの例ですと、「実験データを取るためだけの建設現場」をつくってしまうのです。製造業、小売・流通業も同様です。実験データを取ることを目的とした工場、ショップをつくる。

　実は、われわれも各企業と組んでそのようなことを手がけています。小さな工場でもできますが、大きければ大きいほど、データが早く溜まります。

　これによって、RAWデータ（生データ）というよりも、教師データやモデルをライブラリ化して共有したり、他社に販売することも可能になると思っています。直接、同業界のライバルに売ることはむずかしくても、事業領域が少しでもずれている会社であれば可能でしょう。

　とくに小売・流通業の場合、入力データは「商品名、価格、個数」

のようにどの企業でもほぼ共通ですから、使いやすいと思います。ただ、製造業の場合は、決定するためのパラメータが多すぎると使いにくくなりますので、われわれとしてもその場合は専門化した形でサービスを提供しています。

3 永遠に超えられないAIの壁

チェスで、囲碁で、将棋で、AIが名人たちを打ち破る。家電製品もAI搭載でどんどん賢い製品に成長する。小売・流通業や製造業などへも進出し、精度を上げ続ける……。

こうなると、AIの能力はどこまでも「完璧」に近づきそうです。ところが、そこには永遠にAIが超えられない大きな壁があります。

それはAIの多くが「統計的機械学習」といわれる手法を使っている点で、精度として「100％」の保証が永久にできないことです。数学的な理屈の積み重ね（演繹的手法）であれば、100％保証も可能になるかもしれませんが、AIは帰納法的アプローチですから、必ず誤差（エラー）が生じます。

もし、「AIは完璧なもの」と思っていると、ミスが出た場合にそれを許容できるかどうか。それはAI側の技術的な問題ではなく、AIに対する人間側の問題といえると思います。

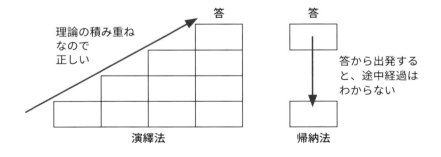

◆ ディープラーニングは帰納法なので「100％正しい」とは証明できない

人間より精度が高くなっても「神」にはなれない

「人間よりもAIのほうが精度が高くなる」のは、究極的には間違いないことです。帰納法的には、人間を超えるに決まっているからです。ですから、一定の領域の業務でAIは人間以上の活躍ができそうです。

ただ、人命が関わってくる仕事をAIに代替することに関しては、どう考えればよいでしょうか。たとえば、最近話題のAIによる自動運転が、その一つです。ふつうの人が運転する時間を1日に平均1時間と考えると、1年で365時間ですから、2万時間の運転を経験しようとすると50〜60年もかかります。追突した、車体を擦ったといったミスや事故も、50年間で何度か経験することはあっても、それほど多くはないでしょう。

AIの場合は違います。人間の1時間の運転データをクラウド上に保存することで、2万人でも10万人でも（つまり、2万時間、10万時間に相当）、その運転データが瞬時に手に入ります。こんなケースで衝突する、擦る、危険にめぐりあう、ヒヤリハット……といったデータが多数集まります。

AIの場合、データをこのように瞬時に嵩増しできますので、AIを使った自動運転のほうが1人のドライバーに比べて圧倒的に経験量が多く、確率的には人の運転よりもずっと安全性に優れているはずです。

しかし、それは統計的確率の話なので、「100％の安全」をAIにだけ求められると、その保証は永遠に付けることができません。つまり、「わずかにでも残る危険率の部分」に対し、人が許容できるかできないのか、という問題が、AIでは常に出てくるのです。

「AIは100％安全といえるのか？」という質問には、将来にわたっても「No」としか答えられません。

「AIとはこういうものか」という温度感の共有が大事

　考えてみると、現実問題として航空機事故はゼロではありません。交通事故は年間47万件（2017年）も起きていますが、人はそれでもその100％ではない安全性を信じて利用しています。その一方で、仮にAIにのみ100％の安全性を求められてしまうと、AIの導入は遅れていくでしょう。

　「AIとは精度を上げていく技術なんだ、特別な技術ではない、神ではない」という意識をもって使っていけるかどうか。もちろん、システムを二重化することで安全に運用する、といったことは通常業務の中でもやっていますが、それでも100％保証は永遠にできません。

　「AIによる自動運転とは、こういうものなのか」という温度感のようなものをお互いに共有していくことが、そろそろ必要な時期に来ているように思います。

4 Googleの対応の速さ、日本企業のあまりの遅さ

なぜ日本では知られなかった？　ヒントンの偉業

　本書の冒頭で紹介した話に戻りますが、2006年にジェフリー・ヒントン*52が発表した論文を見落としていたとしても、少なくとも2012年10月の画像認識コンテスト「ILSVRC（ImageNet Large Scale Visual Recognition Challenge）」でのヒントン教授の衝撃的な研究結果は誰もが知ることができたはずです。

　ところが、多くの日本企業では、どうやらそれを知らなかったようです。そのことのほうが私には驚きでした、そのためか、すでに述べたように、当時、私が「ディープラーニング」を強調した営業活動をしても、ほとんど相手にされることはありませんでした。

　コンテストの結果はネットでも話題になったのですから、誰でも知ることができたはずなのに、どうして誰も見に行かないのか。日本企業はずいぶんチャンスを取り逃していると感じています。

Googleのスピーディな企業買収

　それに対し、Googleは動きがいつも早い。ヒントンの論文に限らず、面白い論文が出た瞬間、「これって、すごくいいよね、面白いよね」ということで、すぐに研究に取り入れてしまいます。そし

---

*52 トロント大学教授。長い間、日の目を見なかった「人工ニューラルネットワークの技術」によって、コンピュータの画像認識技術が飛躍的に向上した、という論文を発表。コンピュータが「視覚」をもつ（コンピュータビジョン技術）ことによって、AI研究が世界中から熱い視線を浴びるようになった。

て、儲かる部分をしっかりと突き止め、そこに資本を集中投下する。その中で基礎研究がもちろん大事だということで、すぐに先行している企業の買収に取りかかります。

AI関係でいえば、2006年には生体認証のNeven Vision社を、2011年には顔認識ソフトウェアのPittPatt社を買収しています。ヒントン教授が2012年に設立したDNNリサーチ社を2013年に、そして翌2014年にはアルファ碁で有名なイギリスのAI企業・ディープマインド社を買収しているのです。

早くからディープラーニング分野で疾走し、その技術を使い尽くしてきたGoogleが「ディープラーニングは、もう枯れた技術だよ」と言うのも理解できます。掘り尽くした感があるのかもしれません。

Google社内においては、それくらいサイクルを早く回しています。残念ながら、それに比べると、日本企業は枯れた技術どころか、「AIは最先端だから、よくわからない」といった話をするケースも多く、大きなギャップを感じます。

私が最も不思議なことは、「なぜ日本企業はこんなにも勉強しないのだろうか？」ということです。謎の部分です。これは、私が最も言いたいことの一つです。

5 技術者倫理の必要性

AIで戦争兵器をつくってもいい？　ダメ？

　もう一つ私が言いたいことは、AIを戦争兵器などに転用する危険性に対し、どこまで現在のAIの研究者、技術者は対抗できるかという問題です。

　いまでは誰の目にも見える形でAIの恩恵が生まれてきています。そうなると、必ず、戦争兵器などへの応用を考える人、国が出てくることです。そこで、技術者倫理の観点から、「AIで何を、どこまでなら、つくっていいのか（つくってはいけないのか）」という問題が出てきます。

　法制度の整備には時間がかかります。法的な規制にまでは踏み込めないとしても、技術者の倫理観（自主規制）としてそれを担保していけるかどうか。と同時に、テクノロジーのハイプ・サイクル[*53]（hype cycle）がこれほど早くなってしまうと、みんなで話し合って規制範囲を決めようというのは、もはや無理があります。

　そこで、一人ひとりの技術者が自ら明確な意思決定の基準、倫理観をもって、「これはいい、これはやってはダメ」という判断を責任をもってできる。そんな人材を輩出していく必要が出てきている、と強く感じています。

---

*53 米国ガートナー社による造語。新しい技術の登場によって生まれる、過度な期待感、それからの失望、その後の事業としての実用化などの波を示すもので、ガートナー社によると、黎明期、流行期、幻滅期、回復期、安定期の５段階があるという。ハイプ（hype）とは誇大宣伝のこと。

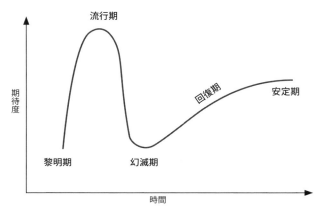

◆ ハイプ・サイクルには5つの時期がある

「現代のリベラル・アーツ」が求められている

　われわれとしては、それを考えるためには「現代のリベラル・アーツ」が必要と感じています。

　リベラル・アーツというのは、もともとはギリシャ時代に奴隷から解放されるための学問でした。奴隷の身分から独立するために、自分たちで学ばなければならない学問ということで、「自由七科」といわれるリベラル・アーツが立ち上がってきたのです。

　現代は、テクノロジーに隷属しないためにも、自分自身の自我をもつ必要が出てきました。そのために「現代のリベラル・アーツ」が求められているのではないか、と私は考えています。

　前出した「戦争兵器の開発にどう向き合うか」というのは、かつての「マンハッタン計画[*54]」（原爆開発）の話に似ています。AIの場合も、後になって振り返ってみて、科学者として、技術者として、あの対応でよかったのか、悪かったのか。簡単に答えを出せるもの

[*54] 第二次大戦中、ナチス・ドイツの原爆開発に対抗して、連合国側が科学者、研究者を総動員して原爆開発に乗り出したプロジェクトのこと。計画は達成されたが、その結果として、広島、長崎に原爆が投下されることになった。

ではなく、意見が二分されるのではないでしょうか。

　マンハッタン計画があったからこそ、ヒトラーを止められたという見方もあるでしょう。しかし、それによって日本に原爆を落とされた、という悲惨な歴史が生まれたのです。AIに似たような危惧がないといえるのかどうか……。

　AIがここまでいろいろなことができるようになり、社会に与えるインパクトが大きくなると、「どこまでつくっていいのか？」をしっかりと考えるサイエンティスト、エンジニア、企業人を育成していく必要があると感じています。

おわりに

　これまで10年かけて成し遂げていたことが、1年でできるようになること。

　私は「イノベーション」をこう考えています。科学技術の進歩は線形ではなく、停滞し、先が見えない中、あるタイミングで突然に進歩するものです。年1％前後の改善しか実現できなかったコンピュータビジョンの領域において、ディープラーニングの誕生が革命的進化を起こし、2012年に突如10％以上の改善を成し遂げました。不可能を可能にした、まさにイノベーションです。

　残念ながら、日本ではAI・ディープラーニングというイノベーションを早いタイミングで捉えることができていませんでした。そのため、社会、産業界へのディープラーニングの適用が、米国や中国と比較して遅れています。これは事実であり、時間を逆戻りさせることはできません。そして、反省しなければならないと思うのです。できる限り早くこのイノベーションをキャッチアップし、今後同じ過ちを繰り返さないようにしなければ、日本の産業構造の変革は世界から後れを取ってしまいます。

　事業創造、利益、そして、人類の課題を解決すること。

　今回、本書においてここまでノウハウを詳解したことは、AI・ディープラーニングを活用した事業創造のスタートラインに、国内の多くの方々に立っていただくことを望んだからに他なりません。自社だけが儲かればよいという小さな考えはとっくに捨てています。今、日本に必要なことは、企業間でそのノウハウを公開・シェ

アし、共に世界で戦っていこうとする決意と覚悟をもつことです。

　世界におけるAI・ディープラーニングの活用はすでに第2ステージを迎えています。AI・ディープラーニングというイノベーションを活用して事業を創り上げ、利益を創出し、継続的に運営していくこと。そして、次のフェーズとして、AI・ディープラーニングを活用して人類の課題を解決していくことが求められています。正直、私もまだまだその領域に達してはいません。

　本書を通して思いに共感いただき、共に人類の課題を解決していく仲間が増えることを切に願っています。そして、まだ道半ばである「ゆたかな世界を、実装する」ことを経営理念として、日本そして世界の発展と未来を創造する一翼が担えればと思います。

　本書の出版にあたり、日本実業出版社の杉本淳一氏には大変お世話になりました。

　また、自社の事例の公開にご快諾くださり、お忙しい中、校正にご協力くださったABEJAの顧客である武蔵精密工業、ICI石井スポーツ、パルコ、コマツ各社の皆さま、さらに、日本におけるディープラーニング発展の立役者であり、本書に推薦文をお寄せくださった東京大学・松尾豊特任准教授のお力添えに心より感謝します。

　最後に、創業以来、苦楽を共にし、ノウハウの創出に貢献してくれたABEJAのメンバー、アカデミックな視点で、特に技術に関する解説や編集に協力してくれたABEJAリサーチャー・白川達也、リサーチエンジニア・中川裕太、書籍編集の進行管理をサポートしてくれたABEJA広報・一ノ宮朝子、通常業務に加えて編集作業に協力してくれたABEJA広報・中野綾佳、夜遅くまで執筆・編集作業につきあってくれた妻・有美子の協力にも謝意を表します。

著　者

■ INDEX（文中に登場する用語）■

【数字・アルファベット】

- 4G／LTE ……………………………… 24
- AI ………………………………… 10, 20, 28
- Amazon Go …………………………… 133
- API ……………………………………… 68
- AR ……………………………………… 135
- Auto Encoder ……………… 30, 95, 139
- AWS …………………………………… 25
- Azure ………………………………… 25
- CAN …………………………………… 145
- CNN ……………………………… 30, 49
- CRM …………………………………… 71
- CV率 …………………………………… 119
- CVR …………………………………… 119
- Eコマース …………………………… 118
- ERP …………………………………… 71
- GAFA ………………………………… 15
- GAN …………………………………… 153
- GCP …………………………………… 25
- Google翻訳 ………………………… 18
- GPU ……………………………… 15, 16
- IaaS …………………………… 87, 90
- ILSVRC ……………………………… 10
- IoT …………………………………… 20
- Jetson ………………………………… 113
- JSON ………………………………… 67
- k-Means ……………………………… 29
- LPWA ………………………………… 24
- MaaS ………………………………… 170
- M to M ……………………………… 23
- NVIDIA社 …………………………… 153
- PaaS …………………………… 87, 89, 116
- PoC …………………………………… 93
- Python ……………………………… 61
- RAWデータ ………………………… 21
- RFID ………………………………… 135
- ROI …………………………………… 63
- RNN …………………………………… 30
- RPA …………………………………… 165
- SaaS ………………………… 87, 88, 117
- Sigfox ………………………………… 24
- SVM …………………………………… 13
- VR ……………………………………… 135
- XML …………………………………… 67

【五十音順】

あ
- アノテーション …………………… 48, 95
- アルファ碁 …………………………… 167

え
- エッジ ………………………………… 112

お
- オートエンコーダ ………… 30, 75, 139
- オープンポーズ ……………………… 160
- 音声分離モデル ……………………… 164

か
- 開発環境 ……………………………… 107
- 回遊時間 ……………………………… 121
- 回遊率 ………………………………… 123
- 過学習 ………………………………… 105
- 学習工場 ……………………………… 176
- 確率分布 ……………………………… 56
- 隠れ層 ………………………………… 13
- 画像認識 ……………………………… 10

き
- 機械学習 ………………………… 10, 29
- 帰納法的アプローチ ………………… 178
- 教師データ …………………………… 13
- 教師あり学習 …………………… 48, 53
- 教師なし学習 ………………………… 53

く
- 下りのIoT ……………………………… 23
- クラウド ……………………… 21, 113
- クレンジング ………………………… 102

け
- 限界コスト …………………………… 25

こ
- 構造化データ ……………………… 25, 71
- 購買率 ………………………… 117, 121
- 誤差逆伝播法 ……………… 49, 57, 104
- コンバージョン ……………………… 118
- コンピュータビジョン ……………… 10

さ
- 再学習 ………………………………… 108

さ
再帰型ニューラルネットワーク 30
サブスクリプション 92, 172
し
ジェフリー・ヒントン 10, 181
時系列情報 159
自己符号化器 30, 75, 139
自動運転 179
自動翻訳 165
自動化 21, 68
車輪の再発明 175
出力層 13
冗長性の担保 112
初期値鋭敏性 83
人工知能 10, 28
深層学習 10
す
スマートコンストラクション 143
せ
ゼタ 21
全結合なニューラルネットワーク ... 103
そ
属性データ 121
た
タグ付け 48, 95
畳み込み層 30
畳み込みニューラルネットワーク ... 30, 49
立ち寄り率 122
ち
中間層 13
て
ディープラーニング 10, 28, 43
データウェアハウス 110
データ拡張 52
データフォーマット 67
テキストデータ 165
デプロイ 107, 111
転移学習 71
と
トイ・プロブレム 84
統計的機械学習 178
導線 77
特徴量 40
特化型AI 31

な
生データ 21
に
ニューラルネットワーク 13, 28, 48
入力層 13
の
ノイズ 76, 164
上りのIoT 23
は
バージョン管理 112
ハイプ・サイクル 183
バックプロパゲーション ... 49, 57, 104
パワートレイン 136
汎用型AI 31
ひ
非構造化データ 25, 71
ビッグデータ 20, 25
頻度分析 150
ふ
ファクト・データ 118, 119
プーリング層 30
フレーム問題 79, 167
ほ
ポナンザ 167
本番環境 107
ま
マグネット商品 123
マシンラーニング 10, 29
マニュファクチャリング
　・プラットフォーム 173
も
モーションキャプチャ 161
モンテカルロ木探索 167
ゆ
ユビキタス 23
り
離脱率 127
リピート推定 90, 134
れ
レコメンデーション 18
ろ
ロス関数 104

■ INDEX（脚注に詳しい説明がある用語）■

【数字・アルファベット】
4G／LTE ･･････････････････････ 24
API ････････････････････････････ 68
AR ････････････････････････････ 135
CAN ･･････････････････････････ 145
CNN ･･･････････････････････････ 30
CRM ･･･････････････････････････ 71
ERP ････････････････････････････ 71
Google翻訳 ･･････････････････ 18
GPU ･･･････････････････････････ 16
ILSVRC ････････････････････････ 10
IoT ･････････････････････････････ 20
JSON ･･････････････････････････ 67
LPWA ･････････････････････････ 24
PaaS ･････････････････････････ 116
POSレジ ････････････････････ 117
Python ････････････････････････ 61
RFID ･･････････････････････････ 135
SaaS ･････････････････････････ 117
Sigfox ･･･････････････････････ 24
SVM ････････････････････････････ 13
VR ････････････････････････････ 135

【五十音順】
あ
アノテーション ･････････････････ 95
アルファ碁 ･･･････････････････ 167
い
閾値 ････････････････････････････ 138
お
オープンポーズ ････････････････ 160
か
回遊率 ･･･････････････････････ 123
く
クラウドサービス ････････････ 25
け
限界コスト ････････････････････ 25
こ
コンピュータビジョン ････････ 10
さ
サブスクリプション ･･････････ 92
サポート・ベクター・マシン ･････ 13

し
ジェフリー・ヒントン ･･･････ 181
閾値 ････････････････････････････ 138
車輪の再発明 ･･･････････････ 175
初期値鋭敏性 ･･･････････････････ 83
せ
全結合なニューラルネットワーク ･･ 103
た
畳み込みニューラルネットワーク ･･ 30
て
データウェアハウス ･･････････ 110
デプロイ ･････････････････････ 107
と
トイ・プロブレム ････････････ 84
導線 ･･･････････････････････････ 77
特徴量 ････････････････････････ 35
に
ニューラルネットワーク ･････ 13
は
ハイプ・サイクル ･･･････････ 183
パワートレイン ･････････････ 136
ひ
頻度分析 ･････････････････････ 150
ふ
ファクト・データ ･･･････････ 119
ほ
ポナンザ ･････････････････････ 167
ま
マグネット商品 ･････････････ 123
マニュファクチャリング
　・プラットフォーム ･･･････ 173
も
モーションキャプチャ ･････ 161
モンテカルロ木探索 ･･･････ 167
ろ
ロス関数 ･････････････････････ 104

岡田 陽介（おかだ　ようすけ）
株式会社ABEJA代表取締役社長
日本ディープラーニング協会理事
1988年愛知県名古屋市出身。10歳でプログラミングをスタート。高校でCGを専攻し、全国高等学校デザイン選手権大会で文部科学大臣賞を受賞。大学在学中、CG関連の国際会議で発表多数。その後、ITベンチャー企業を経て、シリコンバレーに滞在中、人工知能（特にディープラーニング）の革命的進化を目の当たりにする。帰国後の2012年9月、日本で初めてディープラーニングを専門的に取り扱うベンチャー企業である株式会社ABEJAを起業。2017年には、ディープラーニングを中心とする技術による日本の産業競争力の向上を目指し、日本ディープラーニング協会の設立に参画、理事を務める。AI・データ契約ガイドライン検討会委員（2017年12月～2018年3月）、IoT新時代の未来づくり検討委員会　産業・地域づくりワーキンググループ構成員（2017年12月～2018年3月）、IoT推進コンソーシアム・カメラ画像利活用サブワーキンググループ構成員（2017年11月～2018年3月）、AI社会実装推進委員会委員（2017年12月～2018年2月）、Logitech分科会委員（2018年2月～、2018年8月末時点継続中）等、公的な審議会での委員も歴任。

ＡＩをビジネスに実装する方法
「ディープラーニング」が利益を創出する

2018年10月10日　初　版　発　行
2019年 3 月20日　第 2 刷発行

著　者　岡田陽介　©Y.Okada 2018
発行者　吉田啓二
発行所　株式会社日本実業出版社
　　　　東京都新宿区市谷本村町3-29 〒162-0845
　　　　大阪市北区西天満 6 - 8 - 1 〒530-0047
　　　　編集部　☎03-3268-5651
　　　　営業部　☎03-3268-5161　　振　替　00170-1-25349
　　　　https://www.njg.co.jp/

印刷／壮光舎　　製本／若林製本

この本の内容についてのお問合せは、書面かFAX（03-3268-0832）にてお願い致します。
落丁・乱丁本は、送料小社負担にて、お取り替え致します。

ISBN 978-4-534-05626-9　Printed in JAPAN

日本実業出版社の本

「3か月」の使い方で人生は変わる
Googleで学び、シェアNo.1クラウド会計ソフトfreeeを生み出した「3か月ルール」

佐々木大輔 著
定価 本体 1500円（税別）

Googleでのプロジェクトを成功させ、さらにシェアNo.1クラウド会計ソフトfreeeを開発した「3か月ルール」とは？　「やらなければならないこと」に追われる毎日から抜け出し、「本当にやりたいこと」を実現するための時間の使い方を紹介する。

Facebook広告　完全活用ガイド
小さな会社＆お店でも低コストで集客できて売上アップ！

佐藤雅樹
濱田耕平　著
浅利正也
定価 本体 1600円（税別）

驚異のターゲティング精度を誇り、「届けたい人」「届けたい層」にのみ配信できるFacebook広告の基本操作から疑問、最新の成功事例までが一気にわかる！　小さな会社・お店でも低コストで集客でき、売上アップを実現するノウハウをやさしく解説。

この1冊ですべてわかる
新版　マーケティングの基本

安原智樹 著
定価 本体 1600円（税別）

2009年発売のロングセラーの新版化。マーケティングの基礎知識や業務の進め方などの解説に加え、取り扱う事例を最新のものにし、WEBを中心とした新たな手法の記述も追加しました。マーケティングに興味のある方すべてに必ず役立つ1冊！

リクルート伝説の営業が初めて教える
必ず買う「3％のお客様」の見つけ方

西 良旺子 著
定価 本体 1400円（税別）

「100人中3人のお客様」なら、話を聞いてくれて買ってもらえる！　本書は、この必ず買う「3％のお客様」を見つけ、成約率をドラスティックに高める方法を、「Hot Pepper」で全国No.1を何度も獲得した伝説の営業マンが教えるデビュー作。

定価変更の場合はご了承ください。